"中国丝绸文物分析与设计素材再造关键技术研究与应用"项目 (2013BAH58F00)

国家出版基金项目
NATIONAL PUBLICATION FOUNDATION

中国古代丝绸设计素材图系

ORNAMENTAL PATTERNS FROM ANCIENT CHINESE TEXTILES
MINORITY CLOTHING

少数民族卷

赵丰◎总主编　　安薇竹◎编著

ZHEJIANG UNIVERSITY PRESS
浙江大学出版社

总　序

赵　丰

　　丝绸是中国古代最为重要的发明创造之一，距今已有五千多年的历史。自起源之日起，丝绸就是技术与艺术的完美结合。一方面，她是一项科学技术的创造发明。先人们栽桑养蚕，并让蚕吐丝结茧，巧布经纬将其织成锦绮，还用印花刺绣让虚幻仙境和真实自然在织物上体现。在这一过程中，就有着无数项创造发明，其中最为巧妙和重要的就是在提花机上装载了专门的花本控制织物图案，这直接启蒙了早期电报和计算机的编程设计。同时，丝绸印染也是我国古代科技史上的重大发明，汉代的雕版印花技术是最早的彩色套印技术，对印刷术的发明有直接的启发；而唐代的夹缬印染技术也是世界印染史上的一大创造发明，一直沿用至今。另一方面，丝绸更是一门艺术，一门与时尚密不可分的艺术。衣食住行衣为首，蚕丝纤维极好的服用性能和染色性能，使其色彩远较其他设计类型如青铜、瓷品等更为丰富。所以，丝绸能直接代表服用者的地位和特点，能直接代表人们对时尚和艺术的喜好；丝绸的艺术为东西方所推崇，成为古代中国最为重要、最受推崇的艺术设计门类。

　　与其他门类的文物相比，丝绸在中国历代均有丰富的遗存。最早的丝绸出土于五千多年前的新石器文化遗址中，在商周早期的各种遗存中也可以找到不少丝绸的实物。而完好精美的丝绸织绣服装在战国时期的墓葬中开始大量出现，如湖北的江陵马山楚墓、江西的李家坳东周墓。汉唐间的丝绸出土更是数量巨大、保存精好，特别是丝绸之路沿途出土的汉唐间的丝绸更为重要，其中包括了来自东西两个方向的丝绸珍品，丝绸图案中也体现了两种艺术源流的交融和发展。宋、元、明、清各代，除相当大数量的出土实物外，丝绸还有大量的传世实物。这些实物一部分保存在博物馆中，特别是如北京故宫博物院一类的皇家建筑之中；另一部分保存在布达拉宫等宗教建筑之中。这些丝绸文物连同更为大量的民间织绣，是中国丰富的文化遗产的一部分。

1

四周还辅以蝙蝠纹。瑶族区别于苗族、侗族，图案呈几何直线形，更为抽象，色彩搭配也更加朴素。另外，侗族偏爱月亮，榕树月亮纹是背儿带中的典型纹样，对代表母亲与女性化身月亮的喜爱体现了侗族人对女性和生殖的崇拜，也是对侗族文化性格的概括。苗族的太阳与星辰是对天象的简化和提炼，在人们眼里，不管是天上的还是地下的，都具有灵气和预知未来的能力。

八角星纹最早出现在中国新石器时代出土的陶器上，因有八个角而得名。关于八角星纹所代表的含义，认为代表光芒四射之太阳的说法居多，也有认为是无际的天空，而王予先生认为是"台架织机"上的部件"卷经轴"两端八角十字花扳手的图像[1]。壮族、哈萨克族、塔吉克族用八角星来表示太阳。另一纹样雪花纹在瑶族中出现较多，有作为单独纹样和组合纹样使用两种方式。

器物纹样来自日常生活中所使用的物件，有古钱纹、斗纹、背笼花纹、窗纹、豆腐架纹、锯齿纹等。钱币是日常流通的货币，承担起了买卖、商品交换的重任，在生活中必不可少，此外古钱的设计遵循了"天圆地方"的理论，折射出没规矩不成方圆等为人处事的道理，还有人们对财富的追求和向往。斗作为一种衡量工具，背笼作为一种盛具都和生活密不可分，而窗是人们看向外面世界的媒介，豆腐架是制作食物的器具，锯是生产劳动离不开的工具，这些看似普通但每时每刻在生活中扮演重要角色的器物，在一双双灵巧的双手下都转化成了纹样出现在少数民族的纺织品中。

4. 文字纹样

中国传统纹饰中，文字纹样是其中一种。少数民族在与汉族长期相处与交融的影响下，汉字逐渐成为他们生活交流的主要方式，并作为一种纹样出现在纺织品中，以表达吉祥诉求。常见的文字有卍、福、禄、寿、喜以及王、日、田、回、井等，还有在特定场合的文字，如蓝靛瑶女性结婚时随带的荷包，会出现婚姻二字，来借此表达对婚姻生活幸福美满的希望；借用麟祉呈祥来期盼子孙昌盛，也用来对学子捷取功名的祝愿以及表达对如意吉祥和发财致富的美好愿望。最受欢迎的是卍字纹，卍本是宗教中的一种符号，在武周时期才统一读音为"万"，通常被认为是太阳或火的象征，代表着吉祥美好的寓意。单个字符向四周延伸连续不断，形成卍字流（曲）水纹或卍字不断（到）头纹，取义源远流长，万事如意，常作为地纹使用。寿即长寿，我国民间深受道家思想影响，对长寿的追求始终不渝，并把祈寿的观念贯穿于传统文化的方方面面，如刺绣作品常在花草间配上福禄寿喜等字来表达美好含义。文字不同于其他纹样，是表达情感最为直接的方式。

5. 几何纹样

几何纹样的历史最为悠久，早在新石器时代各地出土彩陶的纹饰上就已出现，在纺织品中最早见于商朝晚期安阳殷墟武官村大墓出土铜戈上的菱形纹、方格纹和回纹纺织品印痕。几何纹是由点线面等图案元素组成的有规律的纹饰，有直线、平行线、曲线、方形、三角形几种，具有强烈的对称平衡之美。因织造工艺的限制，高度概括的几何纹被大量应用在织锦中，是少数民族纹样的基本形式。几何纹包含有八角纹、菱形纹、勾雷纹、回纹、涡纹和其他抽象几何纹，有时作单独纹样，有时与其他纹样组合作为底纹。如勾雷纹和回纹就常填充在菱形骨架中与其他纹样搭配使用。此外，几何纹还多用作边饰，以丰富整个画面。较常用的几何纹为菱形纹，如中国丝绸博物馆收藏的战国时期的菱格对鹿纹罗，是在锯齿形的几何骨架中填入几何纹样，类似织物在西汉马王堆也有出土。勾纹是土家族最常见的抽象纹样，而四十八勾纹是最典型代表，以菱形为中心层层向外扩散，勾勾相连，代表光芒万丈的太阳。

6. 人形纹样

人物是较为直观的一种表现形式，具象的人形纹样多见于西南地区苗族的刺绣上，作为服饰或配饰装饰的一部分。一类人物为女性，可能与母系氏族对女性的崇拜有关，另一类为英雄人物，苗族在迁徙过程中得到勇士的帮助，为了表达感谢，英雄图案就常出现在苗族刺绣中，除此还有人头动物身造型的纹样。在织锦中的表现多以抽象形式出现，简洁概括，线条以直线为主，对于人形纹样的来源，认为由青蛙跳跃姿势变形而来的观点较多，源于原始的图腾崇拜。纹样大部分以二方连续形式呈条状排列，有拉手纹、人骑马纹等。

此外，有一部分纹样和名称看起来并不一致，如土家族的大烂枯梅，虽然名字有"梅"，但和梅花并无关系，实则为耕牛的工具"辕"，是名同形异的一个代表。还有一部分纹样并无明确定名，只是单纯用来搭配和丰富画面，统称为几何纹。纹样的解读本来就多种多样，不同民族、不同支系对纹样的理解不同，造成相同纹样不同名称，相同名称纹样并不相同的情况出现，如瑶族鹿纹也有人说是狗纹，再如八角花，有的花瓣分开有的相连。少数民族纹样靠口口相传，转述到再设计的过程中会加入手工艺者的主观想法，形成新的纹样。因为一件纺织品中通常会出现多种纹样，所以本书采取了以主体纹样的类型进行分类的方式，在此说明。

（二）色彩

少数民族纺织品的色彩因地域差异呈现不同特色，但大多厚重艳丽，设色大胆，偶有素白配色。传统的纺织品基本是天然植物或矿物染成，染料取自山野间生长的植物，如千日红、黄栀子、鸡冠花等，受染色技艺的限制，最常用的往往是最易得的颜色。在所有植物染色中，用五倍子所染的黑色和靛蓝所染的蓝色最深且不易褪色，所以传统织物常以蓝、黑色作底色，配以红、黄、蓝等鲜艳颜色，但随着时代发展，植物染色工艺已渐渐被着色鲜艳稳定、价格低廉且方便快捷的现代化学染料染色所取代。综观少数民族纺织品的色调，大多以暖色调为主，因为传统织锦主要是作为姑娘的嫁妆，直到今天的土家族地区，还在遵循结婚要送织锦这一习俗，代表了喜庆和热烈的红色必然是首选。除了婚嫁，节日所穿的盛装也五彩斑斓。侗锦常以蓝白或黑白为主，配上一两种鲜艳的色彩，土家织锦有"忌白尚黑尚红，善用对比色"的配色规律，苗族也多采用黑红两色为底，搭配黄、白、蓝。由此可见大多是在深色地上，用各色丝棉线来形成图案。当然，少数民族的纺织品纹样色彩搭配并非是一成不变的，随着时间的不断推移，当地妇女的审美观念发生变化，色彩的运用也更为多样。

（三）纹样构成形式

少数民族纺织品图案构成形式，主要有单独纹样、适合纹样、连续纹样三种。单独纹样比较自由，无严格框架限制，通常使用在背儿带上，刺绣居多，表达独立的故事主题。适合纹样是将图案限制在某一种固定的轮廓中，如方形、圆形、菱形、三角形等来表达某一主题，比较有代表性的是瑶族的"盘王印"，以方形为固定骨架，填充象征纹样盘王纹、人物纹、几何纹等，灵感来源于方形印章，将此图案绣在衣服上来表达对盘王的感谢。此图案不管是上下或左右翻转，还是以中心点作为对称中心旋转，都能够完全重合，它既是一个轴对称图形又是一个中心对称图形。同样，土家族的燕子纹、石毕花纹，侗族的蝴蝶纹，苗族的蝙蝠纹均为放置在近似菱形轮廓内的适合纹样。连续纹样，顾名思义是纹样连续排列、循环往复，有二方连续和四方连续两种形式。二方连续是一个单独纹样向上下或左右方向反复连续形成条状，常做边饰使用，具有代表性的是侗族的人形纹和人骑马纹；四方连续则是一个单位纹样向四周重复连续或延伸扩散形成的图案形式，少数民族织锦大多数属于此类。

（四）纹样布局形式

1. 几何骨架填充式

少数民族织锦中大量使用几何骨架填充的布局形式，大致可以分为菱形骨架、方形骨架、龟背形骨架、波形骨架等几类，纹样在这些骨架中以二方连续、四方连续的排列构成。第一类是菱形骨架：在菱形骨架中填入主体纹样是少数民族织锦中较多出现的一种形式，如侗族的对鸟纹锦，是用侗族特有的马纹和象征太阳的八角花做菱形骨架，菱形格内填充主题纹样对鸟纹构成图案；又如苗族的卷龙纹锦，由黑色曲线形成首尾相连的卷龙纹构成菱形骨架，填充其他纹样形成整个锦面；还有一些看似像多边形的骨架，提炼主要框架后发现还是菱形，这是织造者为了丰富锦面而做的改变；还有一种虽然没有明显骨架，但单位纹样依然按照菱形排列，其代表是土家族的大烂枯梅锦。第二类是方形骨架：这种布局形式以苗族的数纱绣织物居多，在正方形或矩形的框架内填充纹样，有的会在四角重复叠加一个方形骨架。第三类是六边的龟背形骨架，如土家族的十六勾和四十八勾锦都采取了此种骨架。第四类是波形骨架，即在波浪形的曲线骨架中填入纹样；形成一种波浪形的起伏感。总体来看，几何骨架的布局形式给人以严谨均齐之感。

2. 平衡对称式

平衡对称式分为两类：第一类是沿中轴线进行上下或左右折叠图案可以完全重合，称为轴对称；第二类是图案以某个点为中心旋转180度后与旋转前重合，称为中心对称。少数民族纺织品中以中轴左右对称的图案很多，但上下对称较为少见，如侗族背带上的纹样几乎都是以中心左右对称，但手工刺绣无法做到像织锦一样精细，尺寸会略有偏差，但仍符合平衡对称式的定义。而中心对称式的纹样多见于圆形的刺绣中。平衡对称式纹样给人以稳定的感觉，秩序感强烈。

3. 散点排列式

散点排列是将单独纹样散落在画面当中重复出现，有并列和错排两种形式，错排相较并列更为活泼灵动。如瑶族绑腿上的山字纹，就是采用了并列排列的方式，规整有格律，而土家族的千丘田纹采用的是错排排列方式，锦面更加丰富饱满。

4. 子母式

子母式由一个主体图案和多个客体图案组成。主体纹样位于整件织物的中心，四周环绕分布着客体图案，共同构成完整画面。如侗族的太阳纹背儿带，中间为一个大太阳，四周环绕八个小太阳，图案主题清晰明确，客体的存在起到了衬托、突出主体的作用。

三、纺织品工艺及用途

（一）工艺

1. 织锦

"锦"是多色织物的泛称，古代有"织采为文曰锦"之说。织锦作为最具特色的民间工艺，被称作是"织在布上的民族文化史"，是少数民族地区一种广泛使用的传统手工技艺。它们以其鲜艳的色彩搭配、丰富多变的图案以及独特的织造技艺在各具特色的文化背景下成为具有当地民族特色的织锦。织锦纹样受织造技艺的影响，花纬与经线交织点只能呈斜向直线型，织成的图案均较抽象。少数民族织锦多以棉纱线为经，各种彩丝线为纬，纹样以口传心授为主，织造时随意性较大。此外，各民族所用织机不同，如湘西土家族地区织造土家锦的织机属于提压式卧机[1]，壮族、毛南族使用竹笼机，通过竹笼转动提放经线来编织图案，但两者都是采用通经断纬的方式编织。

2. 刺绣工艺

刺绣是少数民族地区最常用的一种装饰技法，针法灵活多变，与织锦相比线条更圆润，纹样更生动、更接近自然形态，其中最有名的刺绣当属苗绣。刺绣所用绣线为丝和棉两种，绣地多用棉布，一般为单色，有黑、红、蓝、米等多个色系。针法是刺绣的灵魂，每一种绣法最后都会呈现出不一样的效果，也会有几种绣法结合使用的情况。刺绣的种类较多，可以大致分为数纱绣和非数纱绣两大类。

第一类是数纱绣[2]，又称作挑花，有正面、反面和双面挑花三种，常以平纹棉布或麻布为底，从背面向上用针，利用经纬线交织形成的十字点构成图案。在贵州花溪、黄平盛行，但以花溪最具代表性，瑶族也多用此种技法。服饰中经常将蜡染和挑花结合使用，还有挑花和锡绣的组合，形成独特的效果，使图案具有立体感。

第二类是非数纱绣，包含了锁绣、盘绣、辫绣、绉绣、叠绣、缠绣、双线排列绣、平绣、打籽绣、锡绣、堆绫绣、贴布绣等多种绣法，其中西南苗族刺绣的种类最为丰富，针法更加多变。如黔东南地区施洞的平绣也被称为破线绣，是在剪纸的基础上再进行刺绣；六盘水梭嘎独有的刺绣技艺是双线排列绣，指同时使用两条线，一条用来绕圈，一条用来固定 [1]；黔东南凯棠的打籽绣是将线打结形成小疙瘩固定在绣面上，更具立体感。

（二）用途

服饰是纺织品最广泛的应用。日常服装较为简单，通常以素色为底，颜色较素，在衣领、袖口、下摆等处加以装饰，再搭配刺绣或织锦装饰的帽子、头巾、围腰、背包、鞋子等，相较之下，节日盛装或婚礼服饰就奢华许多，装饰手法多样，颜色也更多彩。但并非所有服饰都会用织锦作为装饰，如黎平苗族的织锦就用于儿童背带和挎包，并不在衣饰中使用。除服饰外，刺绣和织锦在贵州地区也较多用于背带，也称作背扇，是妇女用来背孩子的一种工具，形制根据地域不同会略有差异，贵州黎平的侗族聚居区采用绕线绣和贴布结合的方式制作。壮族、土家族、布依族通常将三块织锦拼接，用作被面，在土家族地区直到现在当地还流传着"新生幼儿盖织锦，长大懂事织织锦，结婚陪嫁选织锦，人生去世葬织锦"的话语。从婴儿时期用织锦辟邪，到少年时期学习织锦，出嫁时候来衡量家庭富裕程度及心灵手巧程度，在生命逝去的最后还要有织锦的陪伴，这些无一不体现了织锦与生活的密切程度。另外，现在还作为装饰品或配件使用，如壁挂、坐垫、拖鞋等。

四、小结

纺织品作为中国少数民族民间艺术的一种，由于所处地理位置和生活环境的不同加之各民族间的文化差异，其纹样呈现出了缤纷多样的文化形态，在融合交汇的过程中又发展出了各具特色的纺织艺术。丰富的纹样，饱满的色彩，严谨又不失活泼的布局体现的是人们对审美、民族信仰的表达以及对美好生活的憧憬，充分反映了各民族的文化精髓。因实物获取途径有些单一、实物近距离观测的限制、实物年代不一等各种原因，本书的研究非常有限，还存在很多问题需要后续解决。

目　录

动物纹样

......1

植物纹样

49......

天地属相／器物纹样

......79

文字纹样

113

几何纹样

129

人形纹样

157

文物图片来源……162

163……后　记

动物纹样

1 小龙纹

侗族：织锦被面

北京服装学院民族服饰博物馆藏

　　这件丝绵夹织的锦是采用斜织腰机，以通经断纬显花的方式织造而成的。整幅实物由两幅锦料拼接而成，配色古朴深沉。侗族为越人后裔，承袭了对龙图腾的崇拜习俗，在侗族织锦中龙纹多有出现。这件织锦的主题纹样为小龙纹，民间称蛇为"小龙"，小龙纹纵向排列呈菱形构架，其内填充抽象几何纹，图案饱满。

http://www.biftmuseum.com/

2 勾龙纹

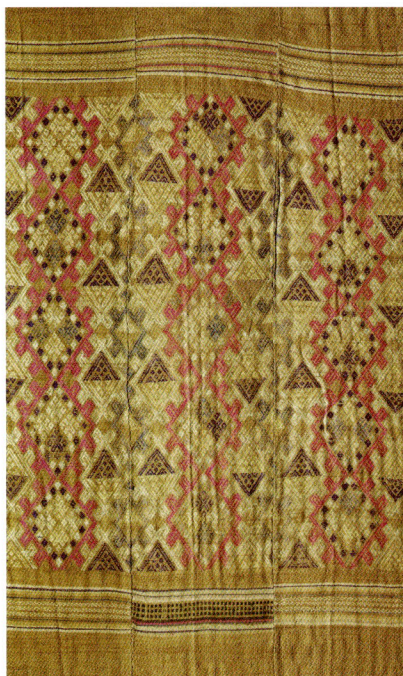

布依族：织锦被面

北京服装学院民族服饰博物馆藏

　　这件在斜织腰机上挑织而成的织锦是由三幅锦料拼接而成的，作为被面使用。整体配色以土黄色为底，白、粉、紫三色织出图案。勾龙纹为抽象纹样，从侧面看接近于字母"C"，一端有勾所以称为勾龙。通幅曲折而下的龙纹构成菱形骨架，骨架内填充小型菱格纹，呈四方连续排列。

http://www.biftmuseum.com/

3 勾龙纹

布依族：织锦被面

北京服装学院民族服饰博物馆藏

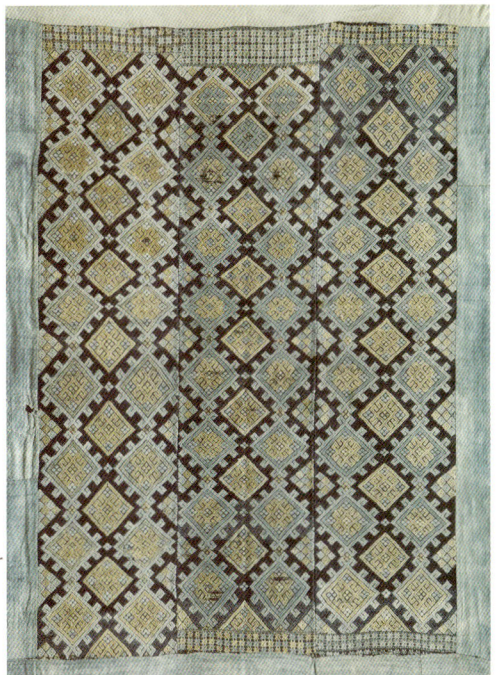

　　布依族为古代百越的一支，现主要分布在贵州南部和西南部的布依族苗族自治州。这是贵州荔波的织锦，在黑色地上用深蓝、浅蓝、黄等颜色纬线织出图案，黄蓝颜色的使用对比鲜明。主体纹样为勾龙纹，构成菱形骨架通幅曲折而下。

http://www.biftmuseum.com/

4 小龙纹

土家族：织锦

湘西土家族苗族自治州民族工艺美术研究所藏

　　这是湖南湘西地区的土家织锦，曾多用于被面，现常作为挂饰使用。土家语中将这种龙意蛇形的纹样称作"仆毕"。织锦中的小龙纹，以类似于数字"3"的形式为单位的纹样显现，边缘为锯齿形，每个小龙纹下方对应一个六边形，两挡头为猴子手[1]，均呈横向的二方连续排列，图案规则整齐，粉、紫相近色系的搭配增加了画面的和谐程度。

左汉中主编. 湖南民间美术全集——民间织锦. 湖南：湖南美术出版社，1994：39.

---

[1]　猴子手：几何锥心形的二方联续花纹，常作为挡头装饰锦面，土家语称"埃结卡嗒"。

5 蛙蛇纹

壮族：贴布绣背儿带

台湾史前文化博物馆藏

这件是云南马关的贴布绣背儿带，主体纹样是一只青蛙，四周卷曲的纹样是抽象化的蛇纹。蛙、蛇都是壮族的图腾，是壮族特定的文化符号，代表了顽强的生命力，将此图案绣在背儿带上，表达了对子嗣延绵、健康长寿的美好祈愿。凤被看作是神鸟，是百鸟之首，象征和平美好。两组挥动着翅膀的凤鸟被安置在画面顶部的两端，其尾巴卷曲向下填充在画面中，图案写实，栩栩如生。除此，在主体纹样的上下位置还装饰有双鱼纹和铜钱纹。

6 龙蛙组合纹

苗族：服饰刺绣片

私人收藏

　　此纹样取自贵州凯里苗族服饰的局部，采用极具苗族特色的破线绣和双线重叠绣两种针法完成。青蛙和龙的形象，为苗族织绣中常见的纹样，孵化小蝌蚪的青蛙意味着多子，龙则是吉祥的化身，图案借用两种动物象征多子多福、吉祥如意。图案基本左右对称，龙头蛙身，圆润的身体十分可爱，大面积红色的使用让整个画面显得热闹非凡，一派喜庆。

7 龙蛇组合纹

瑶族：挑花围裙

广西民族博物馆藏

　　此纹样取自广东连南瑶族自治县排瑶挑花围裙的局部。根据底布的经纬交织点用十字针法绣出图案，这种技法叫作挑花。主纹为竖挑的龙蛇组合纹，由龙角花纹、蛇纹、扇子纹三种纹样组合而成，龙纹呈波浪形骨架，蛇纹呈流水状填充锦面及作为边饰，画面极富动感。此纹样也常绣在小孩的花帽上，表达长辈对子女美好的祝愿。整件织锦以红色等暖色为主，点缀少量白色及黄色，热情活泼。

8 卷龙纹

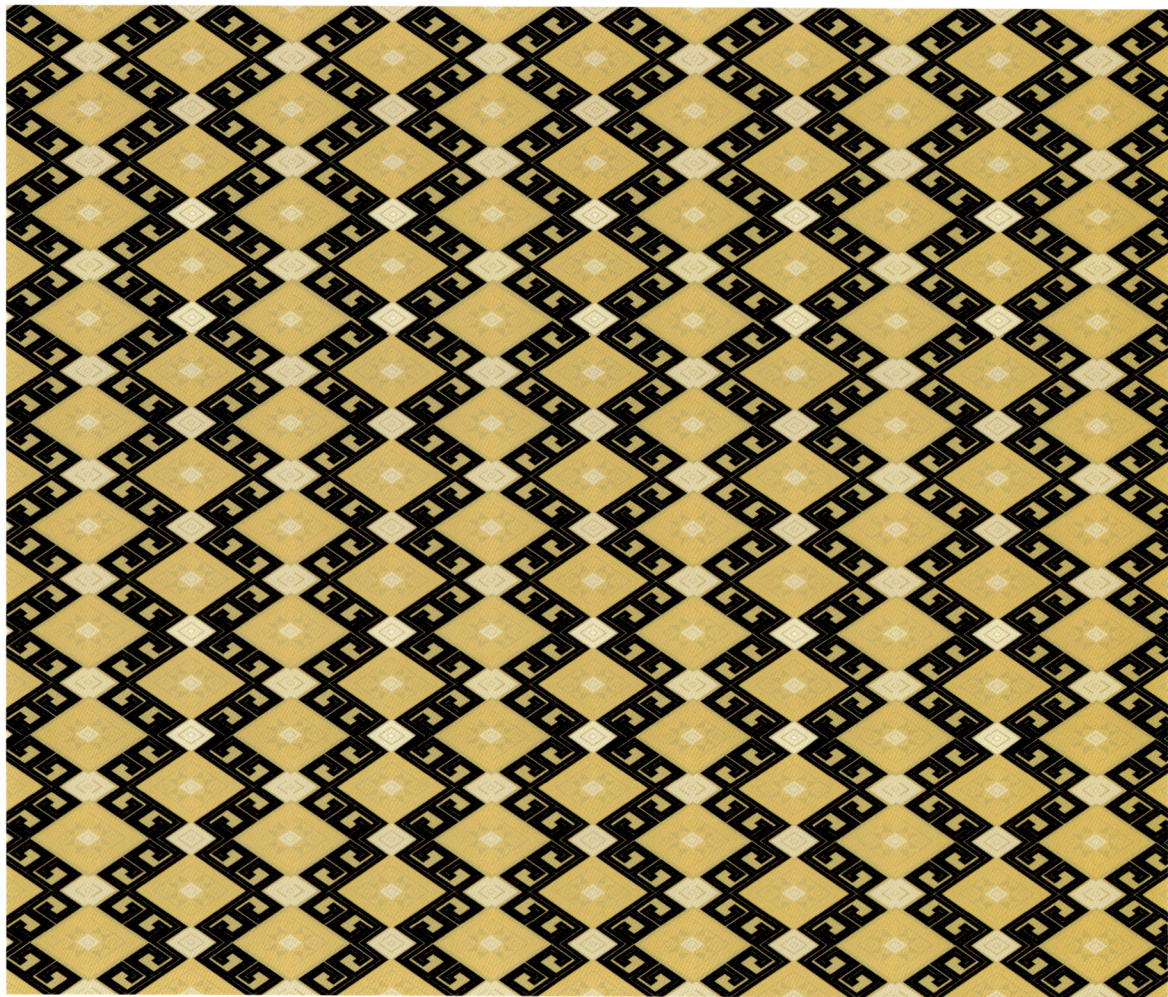

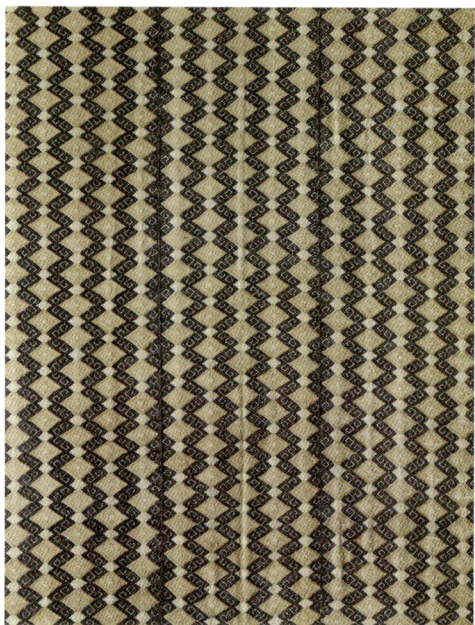

苗族：织锦被面
北京服装学院民族服饰博物馆藏

　　这件苗族被面由三块窄幅织锦拼接而成，米色棉布地上用黑、黄两色织出抽象图案。黑色曲线形成的抽象卷龙纹构成菱形骨架，八角花纹分布其中，巧妙地将动态的龙和静态的八角花结合在一起，按照纵向二方连续有秩序地排列，呈现出一种韵律感。

http://www.biftmuseum.com/

9 对凤飞龙瓶花纹

毛南族：织锦被面

北京服装学院民族服饰博物馆藏

　　这是广西环江毛南族的被面，由两块窄幅织锦拼接而成。主体纹样为凤鸟和飞龙纹，飞舞的龙凤形象生动，动作优美。花瓶写实，枝叶繁茂。毛南族人敬仰龙，认为龙主管着雨水，凤凰则照顾了保佑毛南族人丁兴旺的社王成长，所以多用龙凤图案。整个锦面中以四排纹样为一个单元，呈纵向二方连续排列，设色古朴自然。

http://www.biftmuseum.com/

10 对凤瓶花纹

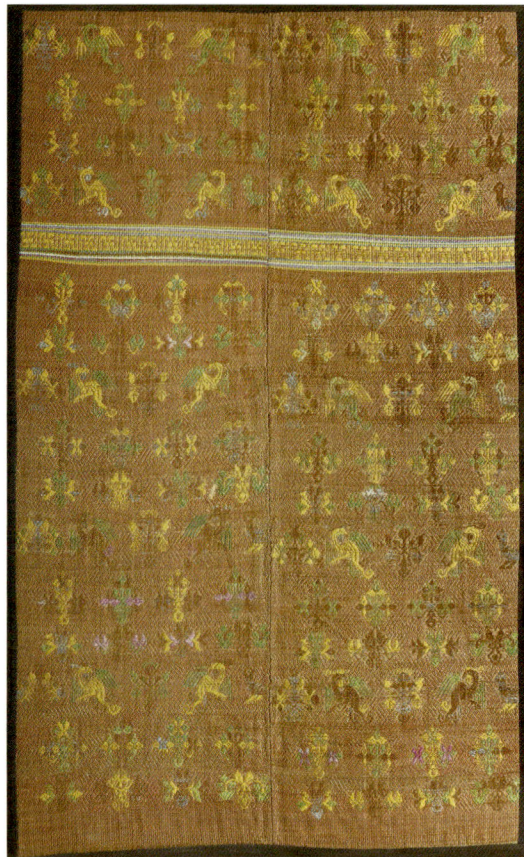

毛南族：织锦被面

北京服装学院民族服饰博物馆藏

　　这是广西环江毛南族的被面，在绛色地上，用黄、绿、紫、蓝四色生动地描绘出了图案。凤的造型生动写实，作回首状，面向内侧的花瓶。花瓶形态多变，同一纹样不同色彩的搭配，使整个锦面更加丰富。凤凰是毛南锦中的经典图案，代表掌管生育的万岁娘娘，多以对凤形象出现。

http://www.biftmuseum.com/

11 凤鸟狮子纹

毛南族：织锦被面

北京服装学院民族服饰博物馆藏

　　这是广西环江毛南族的被面，由三块窄幅织锦拼接而成，四边缝深蓝色棉布。在深蓝色地上，用橘黄、浅黄、紫色搭配，织出图案。图案造型以写实为主，形象逼真，狮子被看作是瑞兽可以带来吉祥，凤鸟作回首展翅状，花瓶造型独特。图案以花瓶为中心左右对称，呈纵向二方连续排列，整个锦面图案规则整齐，富有格律。

http://www.biftmuseum.com/

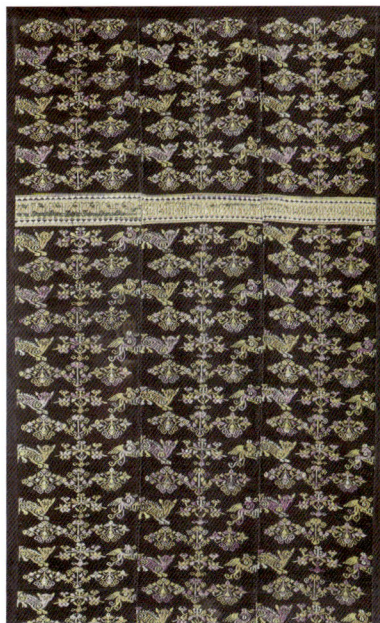

12 对凤纹

苗族：挑花围兜

私人收藏

这是湖南吉首东部地区的挑花围兜，围兜上部饰有对凤衔花枝。凤的形象多见于女性物品中，此件湘西女围兜更是典型的苗族妇女借物寓意抒发对美好生活向往的物品。图案呈轴向左右对称，凤挥动着翅膀，尾卷曲向上作飞翔状，形象栩栩如生。图案布局适合于围兜的形状，用简单的刺绣针法以线条的形式呈现图案，简单灵动。

民族文化宫编著. 中国苗族服饰. 北京：民族出版社，1985：25.

13 动物纹

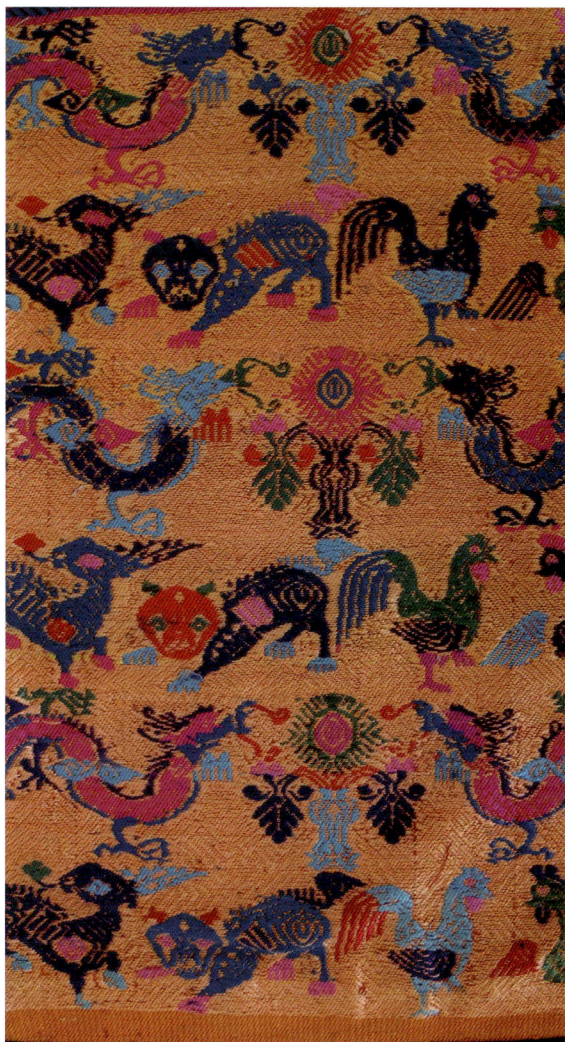

壮族：织锦

———

私人收藏

　　这两件壮族织锦图案相同，底色不同。橘色这件通幅为动物形象，白色这件则装饰有八角花纹和卍字纹边饰。主体纹样为两条仰首相对的龙，中间花瓶中的花朵盛开，枝叶自然下垂，呈现出其自然形态。象征智慧的梅花鹿作回首状，代表勇敢的老虎、代表吉祥的公鸡、代表祥瑞的龙、代表富贵的凤凰，两两相对，两排纹样组成一个循环，有规律地呈纵向二方连续排列，并以中心轴线呈左右对称。两件织锦整体色彩丰富，动物形态灵活。

14 对鸟纹

侗族：织锦背儿带

台湾史前文化博物馆藏

　　这件湖南通道侗族自治县的织锦背儿带配色素雅，仅用黑白两色，采用抽象几何纹的表现形式。"敬鸟如神，爱鸟如命"是侗族自古以来就有的传统，侗族人相信鸟是平安与吉祥的化身，可以带来幸福，便常将此纹样织入所用的纺织品中。主体图案鸟纹纵向排列形成菱形构架，在骨架外用几何纹样填充，增加了锦面的变化。

15 对鸟大龙纹

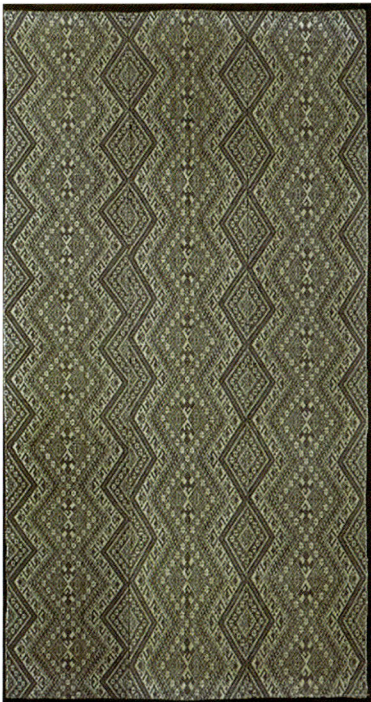

侗族：织锦被面

北京服装学院民族服饰博物馆藏

　　这是侗族的素色织锦，采用了竹笼机编花引纬挑织工艺。通幅而下的大龙纹构成菱形骨架，内填充连续的八角花纹和其他几何纹样，主体纹样为象征幸福与和平的抽象对鸟纹，是对自然中的具象纹样的提炼和概括，简洁清晰，蓝白两色搭配清新自然。

http://www.biftmuseum.com/

19

16 对鸟大龙纹

侗族：织锦被面

北京服装学院民族服饰博物馆藏

　　这是侗族的被面，由两块窄幅的织锦拼接而成，四周缝有黑色棉布，织锦采用通经断纬的工艺织造，以菱形为骨架，通幅而下，菱形骨架中用接近于线描式的单线勾勒出了抽象的对鸟纹，两尾相接，抓住了鸟展翅高飞的形象特征；龙纹也仅用黑色线条作为躯干，体现出龙的刚劲雄健。整幅线条简洁有力，以黄色为地，黑、灰、粉色描绘出图案，素中有彩，色调和谐。

http://www.biftmuseum.com/

17 阳雀花纹

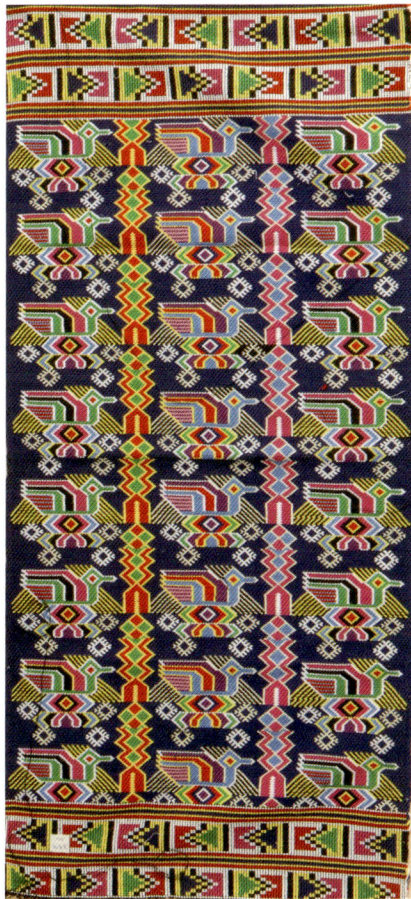

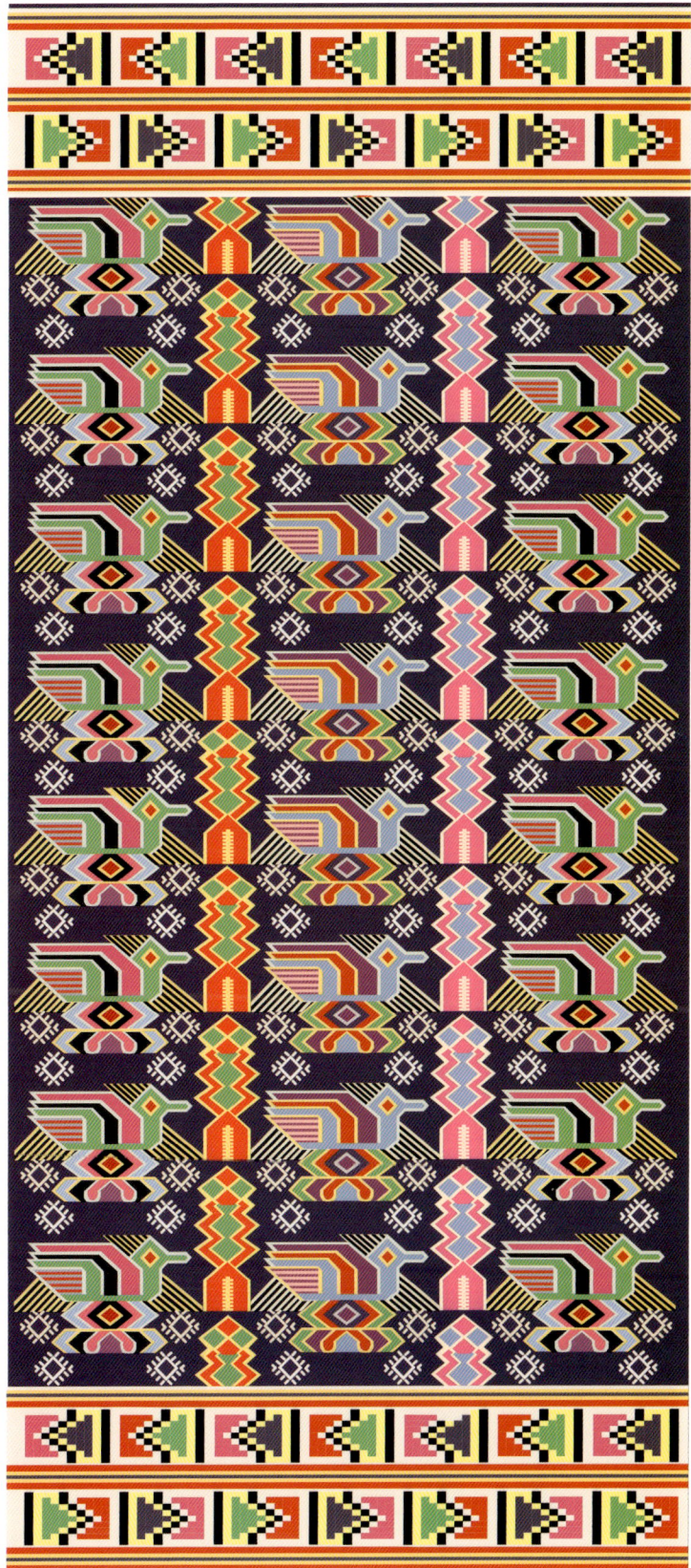

土家族：织锦

中国丝绸博物馆藏

　　这是湖南湘西的土家织锦。图案为阳雀花，土家人将其视作吉祥之鸟，寓意春天的来临，最初用在小孩的盖裙上，借此来保佑小孩子茁壮成长，后多用在壁挂等装饰物品上。这件织锦使用了红绿、黄紫两对互补色，色彩对比强烈，主题突出。

18 对鸟八角花纹

瑶族：挑花围腰

广西民族博物馆藏

　　此纹样取自广西田林盘古瑶女服围裙的局部，采用红、粉红、绿、黄、青、蓝、白等彩色线在黑色地上挑花，色彩斑斓。鸟纹、八角花、树的组合为盘古瑶的传统搭配。图案上部为八角花，红黄两色搭配，中间十字象征花蕊，右端还绣有一个福字；画面中间为两组对鸟，一红一白；下部是四棵茂密的树；在空白的地方还填充有小型的八角花和其他几何纹样，构图饱满紧凑，图案分布基本是纵轴对称。

19 鸟 纹

瑶族：挑花围裙

云南民族博物馆藏

　　此纹样取自云南河口瑶族自治县红头瑶女盛装围裙的局部，黑色地上大面积的彩色挑花纹样，主要是雪花纹、鸟纹，用最简单的三角形块面和几何直线组成了形象生动的鸟纹图案，呈横向二方连续排列，整件围裙的图案依次呈条形纵向排列，色彩多样，变化丰富。

20 燕子纹

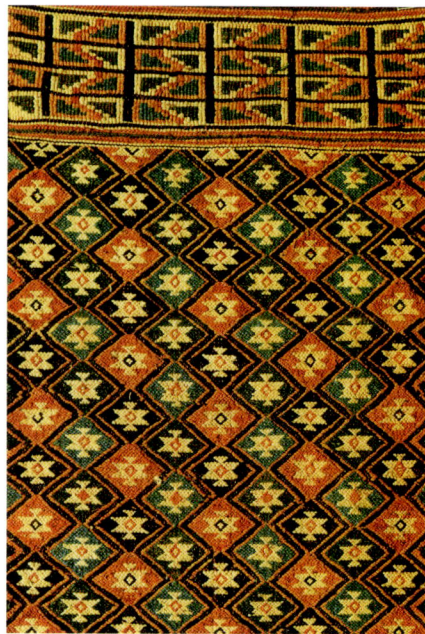

土家族：织锦

湖南省群众艺术馆藏

　　这是湘西土家织锦，由蓝、橘、黑、绿四色菱形色块构成，色调古朴典雅，富有变化。菱形块中的纹样因形似燕子尾而得名，燕子是美好事物的象征，有燕子归来报平安的寓意。用三角形构成抽象燕子的模样，形象简单但生动，挡头为平织的猴子手[1]。

左汉中主编. 湖南民间美术全集——民间织锦. 湖南：湖南美术出版社，1994：21.

---

[1]　湘西龙山地区称谓，保靖地区则称"仓门板"。

21 蝴蝶长寿花纹

壮族：织锦被面

北京服装学院民族服饰博物馆藏

　　壮锦起源于宋代，是少数民族织锦的代表，采用通经断纬线的织造方式，用丝线和棉线在竹笼机上交织而成，风格古朴，色彩艳丽。这是由三块窄幅织锦拼接而成的壮族被面，红色为地，黄、绿、米、粉等颜色显示花纹，一派热闹景象。连续不断的雷纹构成菱形骨架，主体纹样为抽象蝶纹，但仍可以清晰分辨出身体、翅膀、触角和眼睛，菊花纹以六边形为花蕊，浅黄色几何形块面为花瓣，生动形象。

http://www.biftmuseum.com/

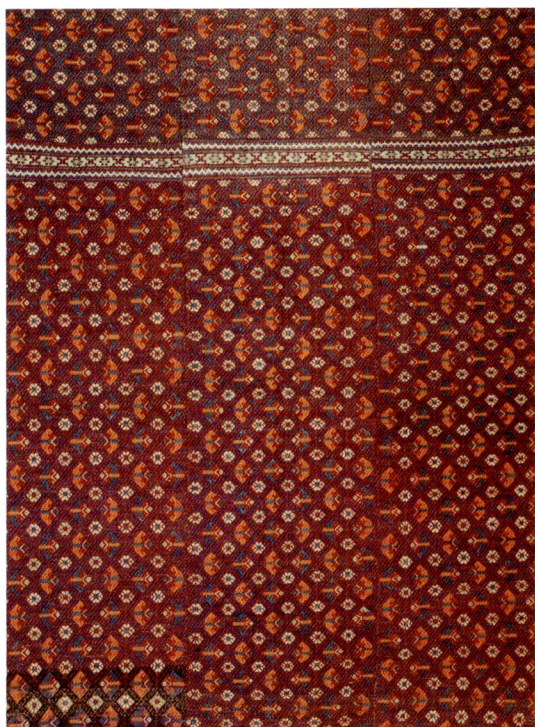

22 石榴花蝶纹

苗族：刺绣背儿带

台湾史前文化博物馆藏

　　这是一件贵州惠水的刺绣背儿带，黑色地上绣以米色的蝴蝶及绿、紫、米等颜色相间的石榴花草纹，网格状的表现形式使简单图案变得精巧细致。石榴是多子多福的象征，常被看作吉祥物，石榴花蝶纹的组合使整幅画面表达了美好的寓意。

23 凤穿牡丹纹

土家族：织锦被面

北京服装学院民族服饰博物馆藏

　　这件土家织锦是女子出嫁时所用的被面。黑色地上，美丽多彩的凤凰在花间展翅穿梭，色彩鲜艳，形象生动。凤穿牡丹是传统的吉祥图案，凤是鸟中之王，牡丹则是花中之王，丹、凤结合，象征着美好、光明和幸福。

http://www.biftmuseum.com/

24 花蝶纹

苗族：刺绣背儿带

台湾史前文化博物馆藏

　　此纹样取自贵州榕江摆贝地区苗族刺绣背儿带的局部，以果绿色为地，搭配红、蓝、黄、黑、白等色，图案以菱形几何的构图呈现。骨架内填充适合菱形框架的花草纹，中心衔接处为圆形图案，骨架外四周辅以蝴蝶纹样。

25 牡丹凤蝶纹

苗族：刺绣背儿带

台湾史前文化博物馆藏

　　这是贵州凯里凯棠的背儿带的局部，黑色地用红、绿、蓝、粉等多色丝线绣出花蝶纹，花瓣晕色自然，形象生动。中心是盛开的牡丹花，四周是被牡丹香味吸引来的蝴蝶和凤鸟，呈现生机勃勃之态，此外牡丹也代表荣华富贵。整件刺绣主题突出，风格鲜明。

26 对蝶对鸟纹

苗族：织锦背儿带

台湾史前文化博物馆藏

　　这是贵州台江革一的织锦背儿带的局部，以深蓝丝线为经，夹织紫红、绿、浅蓝、白、黄色丝线显现图案，色彩沉稳富有变化。蝴蝶是苗族的始祖，蝴蝶妈妈的传说至今还在传颂。蝴蝶妈妈与水泡相爱怀孕生下了十二个蛋，由脊宇鸟帮助孵化，创造了生命。蝴蝶是苗族最常用的图案，甚至有无蝴蝶不苗族的说法。此幅图案为对蝶对鸟纹样，蝴蝶和鸟展翅飞翔，富有动态感，整个锦面呈中心对称，饱满细密。

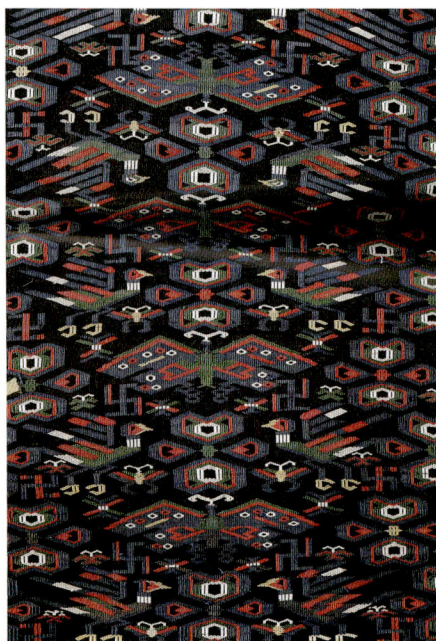

27 蝴蝶纹 / 勾纹 / 八角花纹

苗族：织锦背儿带

台湾史前文化博物馆藏

　　这是贵州丹寨南皋织锦背儿带的局部，采用黑白两色，古朴淡雅。主体框架为菱形，框架内分别填充由蝴蝶纹及其他抽象几何纹构成的九个小菱形。框架外勾纹、八角花纹、蝴蝶纹、菱形层层向外丰富锦面，整个锦面呈纵向二方连续排列。

28 蝴蝶纹

苗族：织锦

私人收藏

　　此纹样取自贵州凯里丹溪苗族织锦的局部，采用黑白两色，呈古朴之风。菱形骨架内，图案左右对称排列。画面中间菱形内为几何线条构成的八勾纹，下端菱形骨架内是块面状的蝴蝶纹样，两两相对成组分别放置于四个小菱形中，菱形框内为多种抽象几何纹，整件织锦图案复杂，饱满厚重。

29 蝴蝶纹

苗族：织锦四联飘带

收藏地不详

    这是苗族的四联飘带，主体纹样为蝴蝶。苗族在历史上经历了五次大迁徙，安定之后希望后代人丁兴旺安居乐业。蝴蝶是繁盛的生殖力的代表，通过对蝴蝶的喜爱来传达对后代的美好祝愿，体现了苗族的女性崇拜和生殖崇拜。图案以八边形为骨架，在内填充四只蝴蝶，蝴蝶外围用圆形几何图案连续排列，四角用波浪线和十字纹填充，图案丰富，色彩搭配和谐。

民族文化宫编制. 中国苗族服饰. 北京：民族出版社，1985：153.

30 蝴蝶双鱼纹

土家族：素色织锦

中国丝绸博物馆藏

这件蝴蝶双鱼纹织锦设色单纯朴素，在忌白尚黑的土家族，白地黑花的搭配并不多见。蝴蝶和鱼都有较强的繁衍生殖能力，是土家族生殖崇拜的凝结，此外双鱼还象征美好的爱情。整幅均为平织，该织法产生的肌理效果具有极强的装饰性。

31 蝴蝶纹

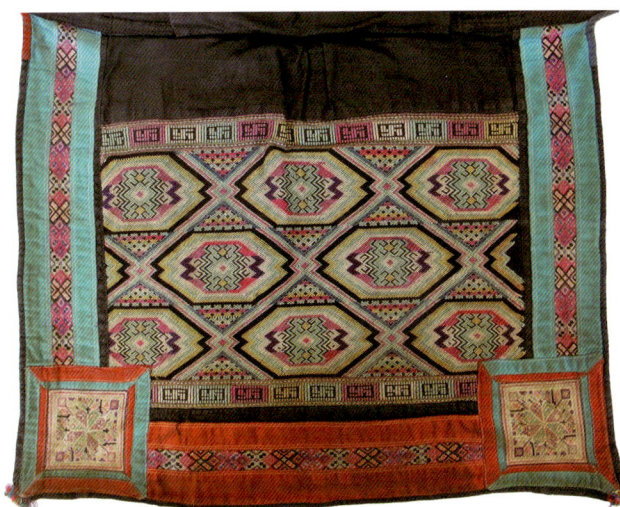

侗族：挑花背儿带

私人收藏

　　此纹样取自贵州黎平背儿带局部，采用了典型的挑花技法，以白、粉、绿等色挑出蝴蝶纹样。蝴蝶是幸福和爱情的象征，也用来表达对自由的向往。菱形骨架交错重叠，构成富有变化的龟背形骨架，菱形和龟背形的结合，格律感很强。

32 蝴蝶纹

侗族：挑花背儿带

台湾史前文化博物馆藏

  此纹样取自湖南通道独坡的背儿带局部，在米色地上，黑、红、蓝等色挑花而成，配色清雅。图案布局以中间正方形框内花瓣红、蓝两色间隔排列八瓣花为中心，层层向外扩展，第二层为菱形，四角装饰抽象几何形纹样，最外层是以简单色块构成生动的蝴蝶形象，搭配卍字纹及汉字"王"，纹样丰富，布局合理。

33 蝙蝠纹

苗族：女服装饰

收藏地不详

　　这两组纹样取自贵州花溪石板女服的局部，图案为抽象的蝙蝠纹，分布在中心的十字纹四角，以四只的组合出现，称作"四面来福"，借"蝙蝠"同音，暗喻四季皆福，是苗族服饰中较为常见的吉祥纹样。以白、红、黄、蓝等颜色构成单独几何纹样，呈纵向二方连续排列。

34 蝙蝠卐字纹

苗族：服饰局部

收藏地不详

　　此纹样取自一件苗族服饰的局部，颜色虽然仅有黑、蓝、白三种，但极为大气。采用大小正方形嵌套的方式构成整体画面，主体纹样为两只相对的蝙蝠，两角与中心装饰白色小花。最外围的卐字纹呈二方连续排列，给人以秩序感。

35 蝙蝠纹

苗族：衣袖局部

黔南布依族苗族自治州民族博物馆藏

　　此纹样取自一件苗族衣袖的局部，采用织锦的方式呈现。绿色菱形框内为"四面来福"图案。蝙蝠是吉祥的象征，与福同音，寓意幸福延绵不绝之意，常用来表达对子孙后代的美好祝福。图案以横向条状排列，在黄色地上搭配绿、红两色织出图案，设色鲜艳。

36 鱼纹／蜘蛛纹

瑶族：挑花女裤局部

广西民族博物馆藏

此纹样取自云南金平苗族瑶族傣族自治县的红头瑶挑花女裤局部，在黑色地上用白、红、绿、黄等色线完成挑花。采用了三层二方连续图案组成，中间部分由高度概括的鱼纹、蜘蛛纹、盘王纹交错排列。黄白两色四对脚的纹样为盘踞在网上的蜘蛛，红绿色几何纹中心的纹样为盘王纹，盘王纹组合上下为双鱼纹样，上端是龙角花纹和卍字纹组合，下端为盘王纹变形。纹样形成大小疏密对比，颜色多变，锦面丰富。

37 牛 纹

苗族：上衣衣袖

私人收藏

此纹样取自苗族上衣衣袖局部，在黑色地上，用多色丝线绣出图案，主体纹样是牛，轮廓用黄白两色矩形表示，双眼紧闭怡然自得。牛是苗族人非常喜欢的动物，在生活中随处可看到摆放的牛角和图案。牛是勤劳勤恳的代表，象征对粮食大丰收的企盼。这件织物采用简单的线条和块面生动形象地刻画出了牛悠闲的神态。整体构图饱满，颜色搭配和谐。

38 动物纹（石毕纹）

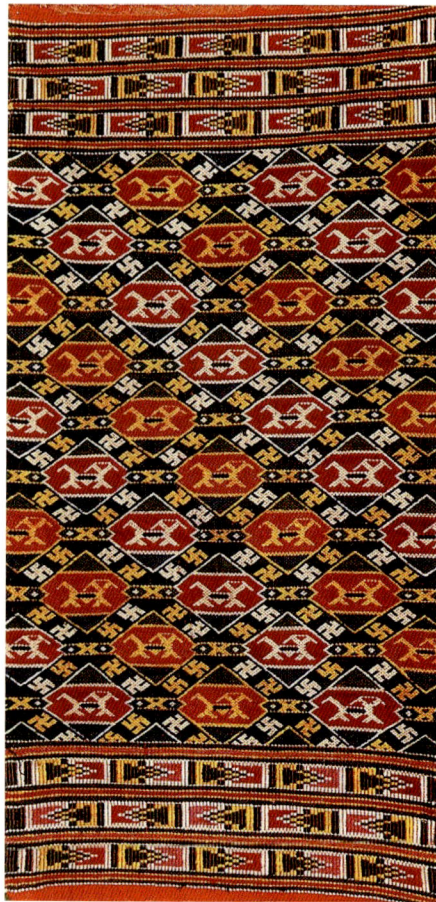

土家族：织锦

湖南省工艺美术研究所藏

　　这是湖南湘西地区的动物纹织锦，土家语中称野兽为"石毕"。该纹样接近于站立的小狗形象，作扭头状，耷拉的耳朵，翘起的尾巴，憨态可掬，十分形象。红底白身和橘底黄身的小狗图案设置在菱形框内交错排列，黄白相间的卍字纹填织在菱形外围，图案呈四方连续，上下挡头为猴子手，色彩丰富。

左汉中主编. 湖南民间美术全集——民间织锦. 湖南：湖南美术出版社，1994：22.

39 四龙戏珠双狗纹

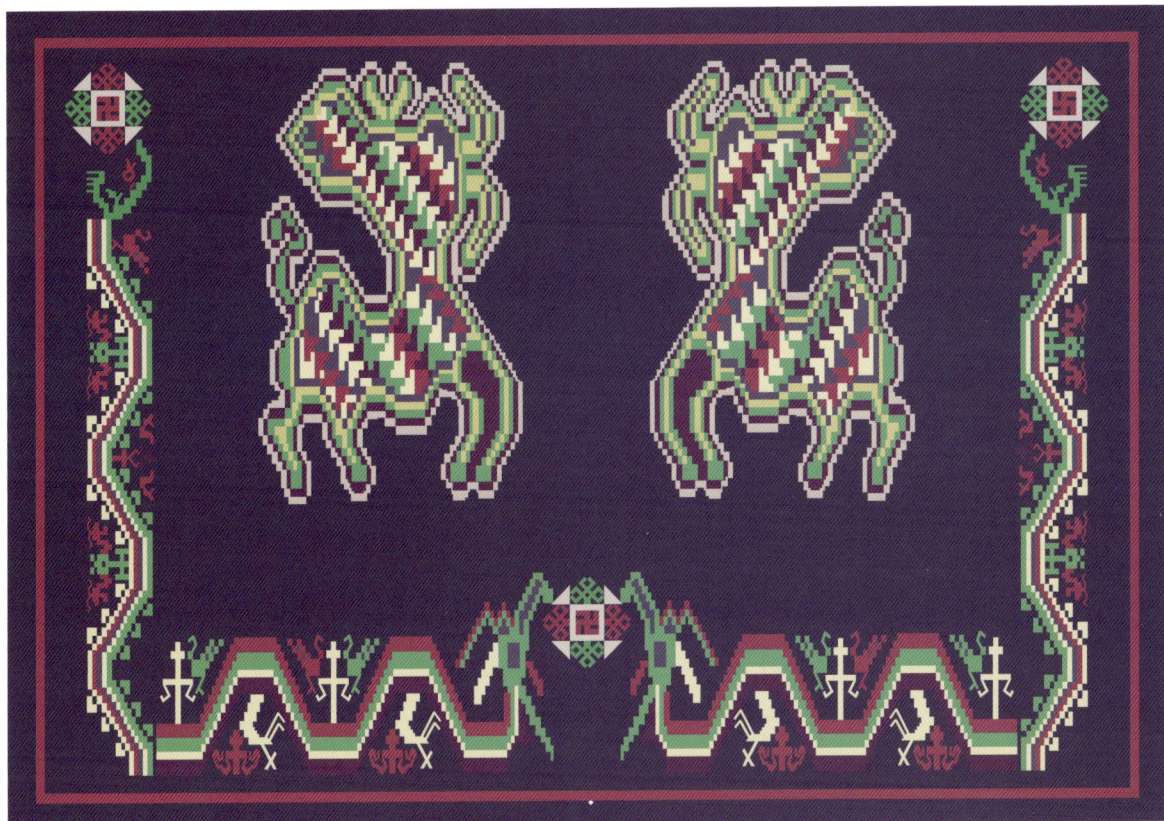

瑶族：刺绣装饰片

广西民族博物馆藏

　　这是广西龙胜各族自治县红瑶刺绣品，在蓝色地上，用玫红、白、黄、绿、灰等色线采用挑花技法完成，这种针法多用在大花纹图案中。中间为双狗，作回首状，三边装饰为四龙戏珠，整幅图案呈中心对称，色彩跳跃。

40 鹿纹／龙犬纹／狗纹

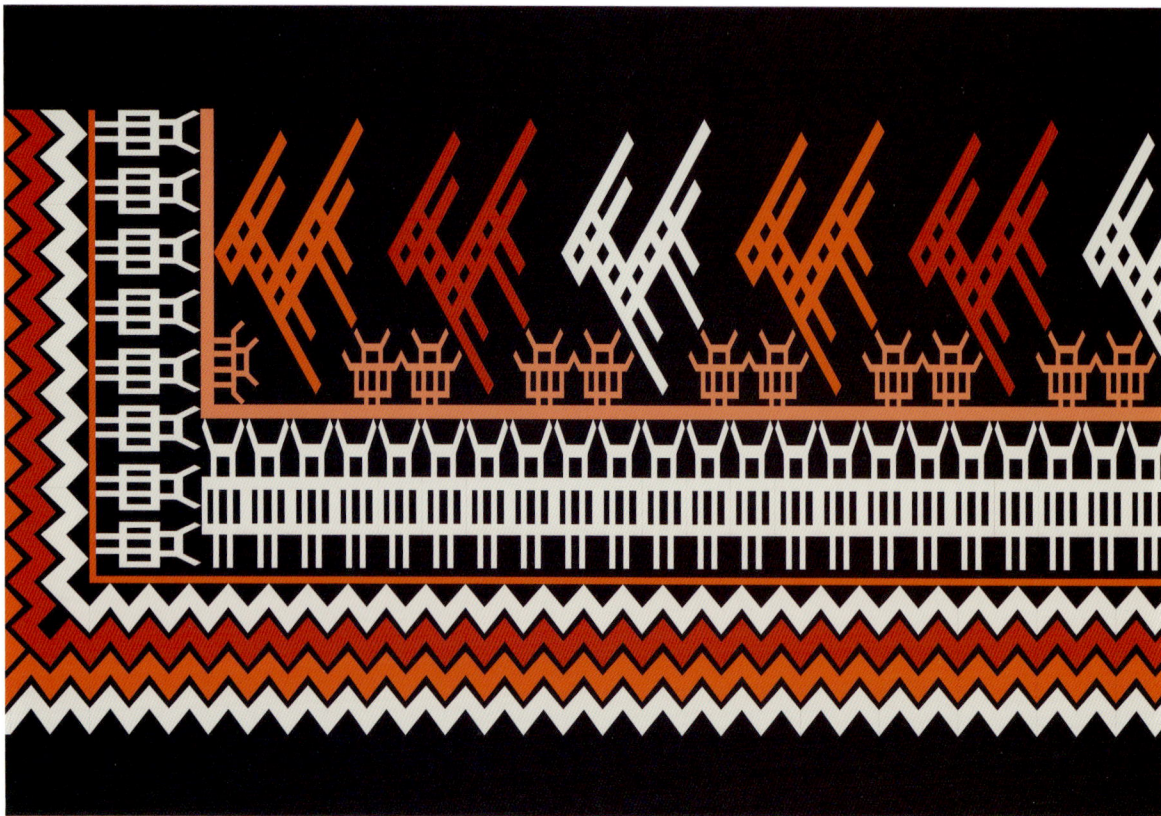

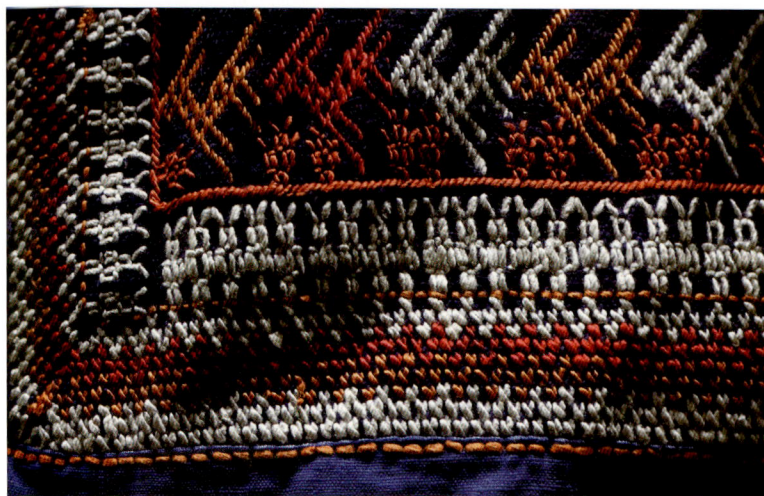

瑶族：刺绣女衣局部

广西民族博物馆藏

　　此纹样取自广西贺州盘瑶女服局部的刺绣装饰。最上方奔跑的动物是鹿纹（也有观点认为是龙犬纹、狗纹）。纹样趋于图形化，但仍可清晰看出头、角、身和四肢，是奔跑着的鹿的简洁形象，并辅以其他几何纹，最外缘有红、橘、白三色组成的几何形花边，层次分明。

41 台台花纹

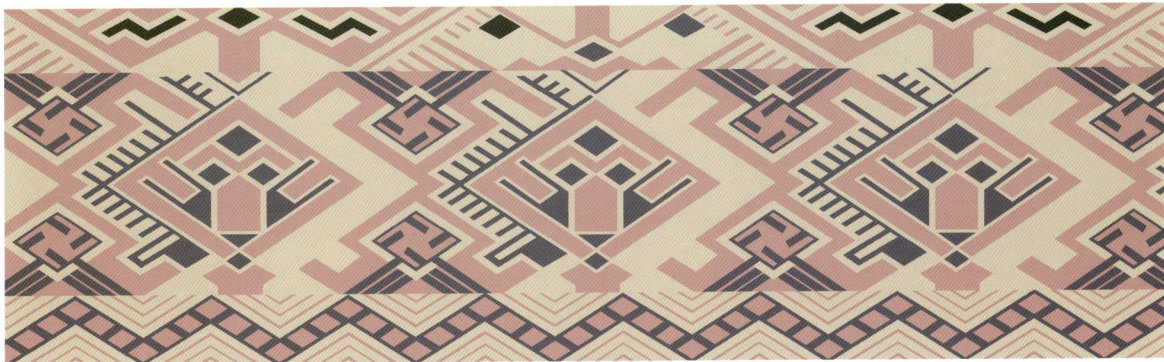

土家族：小孩盖裙

私人收藏

　　此纹样湖南湘西地区的小孩盖裙织锦边饰。图案为台台花，也称作台台虎，纹样由三部分构成，上部是船纹，中间部分是由菱形、三角形、线段构成的虎头形象，下部是水波纹，图案常以二方连续排列作为边饰。虎形象的使用与土家族对白虎的崇拜分不开，此图案常用在小孩物件上来保护其健康成长，寄托了长辈对下一代的期望。蓝、粉、米三色搭配使严肃的虎头形象看起来有点儿可爱。

42 鹿纹组合纹

瑶族：女子衣领局部

广西民族博物馆藏

　　此纹样是广东乳源瑶族自治县过山瑶女子衣领部分的挑花，纹样由鹿纹、姜花纹、人头花纹组合而成。在菱形骨架中，有两只粉色和一只黄色的小鹿三首相对，黄色为姜花纹，茎叶细直，叶子作对生状，而菱格四角的红色纹样为人头花，人头花纹常用于装饰瑶族师爷所戴的帽子。单个纹样呈纵向二方连续排列。黑色地搭配白、红、粉红、黄等颜色，颜色丰富，构图严谨。

43 鹰式角形纹

哈萨克族：绣花杂物袋

新疆维吾尔自治区博物馆藏

　　这是哈萨克族的绣花杂物袋，采用刺绣工艺，根据包的外形设置适合纹样。主体纹样为鹰角纹，鹰是力量、勇猛、自由的象征，哈萨克族对鹰的崇拜来自多方面。在日常生活装饰中也多用牛角纹。此件巧妙地将角嵌套在心型内，外圈饰有卷草纹，内部图案与包的外形巧妙结合，整体图案呈轴对称，挎包边缘装饰有红蓝相间的流苏，做工精美。

叶尔米拉.哈萨克族"角形"纹样的人类学阐释.新疆艺术学院学报，2013，11（2）：13-21.

44 羊角纹

哈萨克族：绣花杂物袋

新疆维吾尔自治区博物馆藏

　　这是哈萨克族的绣花杂物袋，用红白相间的双层线条绣出心型骨架。哈萨克族是游牧民族，羊是与其生活最密切的动物之一。该作品巧妙地将羊角纹填充在两两相对的心形内，辅以黄色的四瓣花纹。绿色的羊角纹布置在画面的空白处，整个图案呈中心对称，于规则中富有变化。

植物纹样

45 八角花纹 / 四合花纹

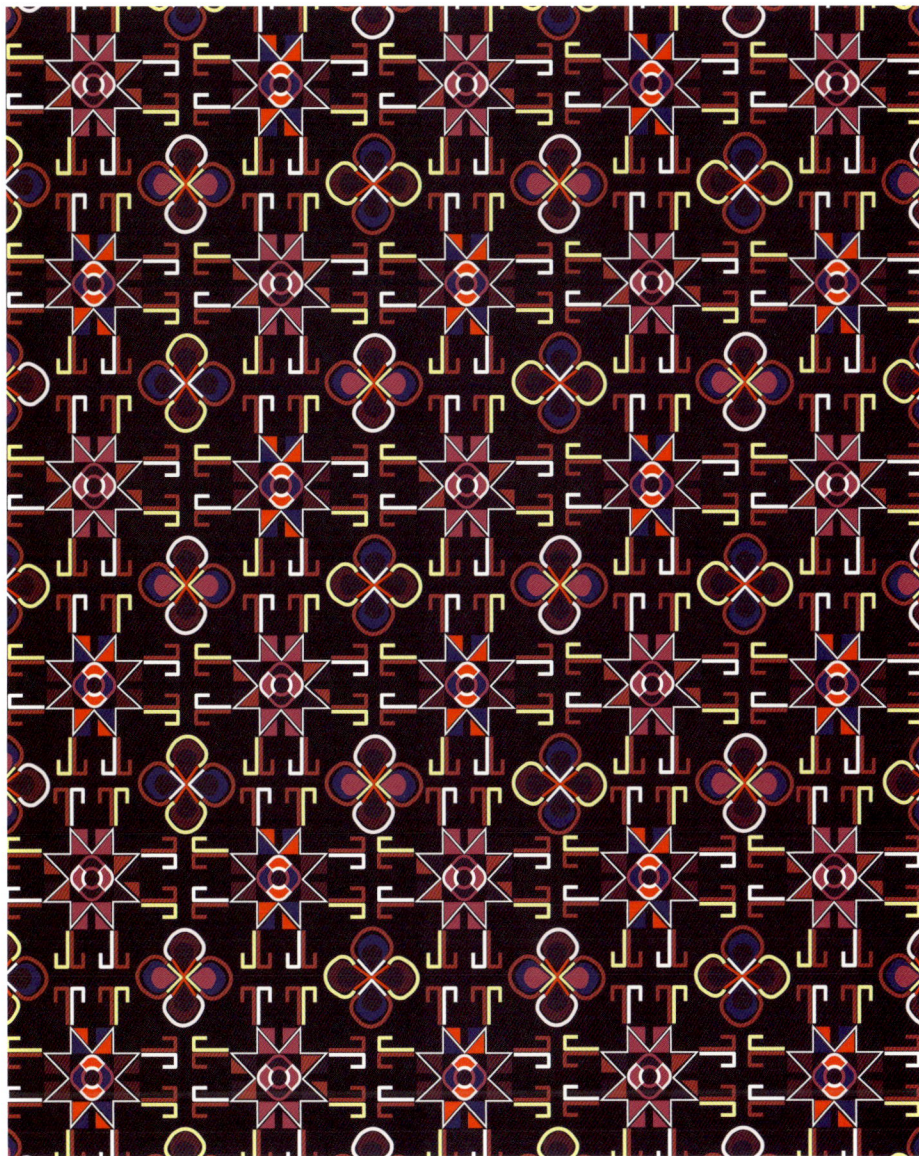

苗族：刺绣背儿带

台湾史前文化博物馆藏

　　此纹样取自贵州黄平的背儿带的局部，采用拉锁绣、平绣、挑花等多种技法，纹样包括四朵花瓣构成的四合花纹、八角花纹等，以棕色为地色，刺绣色彩为宝蓝、红、紫等。花瓣圆润的四合花分布在棱角分明的八角花与几何勾纹形成的正方形骨架中，方中有圆，圆中有方，整体图案呈四方连续排列。

46 八角花纹

苗族：挑花围裙

收藏地不详

　　此纹样取自苗族围裙的局部。八角花纹在苗族、侗族、土家族等民族服装、围腰、头帕等服饰上都很常见，但各有异同。这件作品用挑花形式呈现纹样，上方和左右两侧的八角花呈二方连续排列，中间是八角花的变形，花瓣为镂空状，四片花瓣为一小组分布在正方形的四边，纹样呈四方连续排列。图案虚实结合，丰富了画面，蓝白色的搭配素雅大方。

47 八角花纹

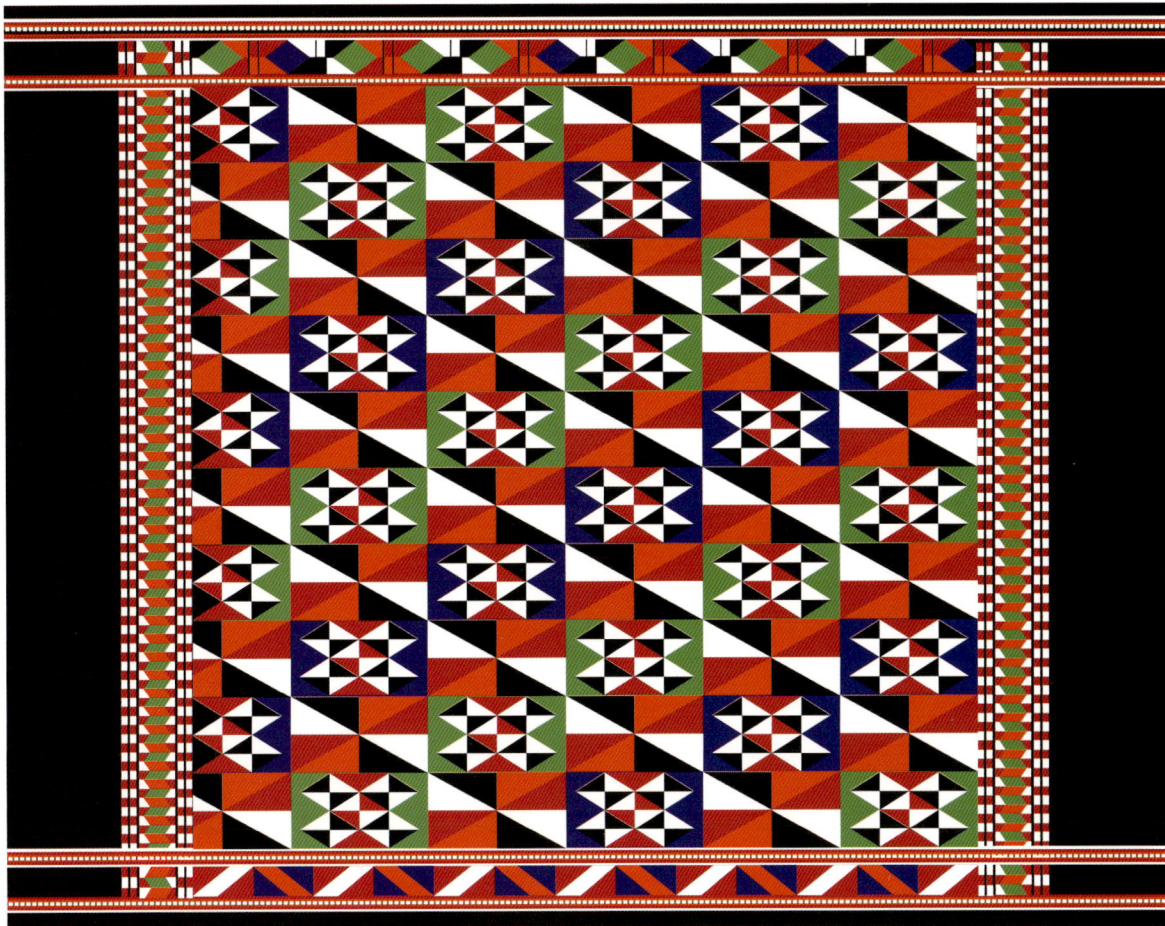

侗族：织锦片

私人收藏

　　这是贵州黎平的织锦，黑色棉布地，搭配红、橘、白、黑、蓝等多色线。该织物用红、黑、白三角形色块为基础，构成八角花纹填充在蓝色和绿色的长方形框中，左右以红白相间的线段和波浪纹样为饰边，上下用长方形、菱形、三角形组合装饰，构思巧妙，图案紧密。

48 八角花纹

侗族：织锦片

私人收藏

　　这是贵州黎平的织锦，在黑色棉布地上，用彩色丝线织出图案。白色和橘色长方形框中嵌套连续排列的小长方形相交形成菱形骨架，骨架内为八角花图案，由三角形块面和几何形线条构成小型菱格纹，留出黑色地，构思巧妙，图案饱满精致，色彩和谐。

49 八角花纹

壮族：织锦背儿带

台湾史前文化博物馆藏

　　这是广西壮族的织锦背儿带，辅以刺绣文字"福禄寿全"。以米色为地，使用粉色、紫色、橘色等相近色系的丝线作为纬线显花，主体纹样为八角花，搭配多种几何纹呈条状排列，巧妙组合黑色波浪纹，使得画面生动饱满，富有韵律感。

50 八角花纹

瑶族：**女盛装腰带局部**

广西金秀瑶族博物馆藏

　　这是过山瑶婚礼女盛装腰带的局部图案，采用十字挑花技法，以各种类型的八角花纹为主，用大正方形套小正方形，四边中间和四角装饰红黑两色相间的八角花纹，层层嵌套的方形框用斜挑针法，构思奇妙。黑、红、黄、绿等多色搭配，色彩艳丽。

51 八角花纹／八角星纹

瑶族：挑花头帕

广西民族博物馆藏

　　这是广西荔浦尖头瑶的挑花头帕，中心纹样为莲花纹，四角的方形格中填充几何纹，底为条纹状的装饰。左右两边的卍字纹和八角花纹装饰呈二方连续排列。瑶族用八角花来代表八角形的果实，此八角花纹中心用四个十字代表花蕊，简洁明了，卍字纹和八角花纹中间的抽象几何纹为人形纹，整幅图案主体突出，色彩和谐。

52 八角花纹

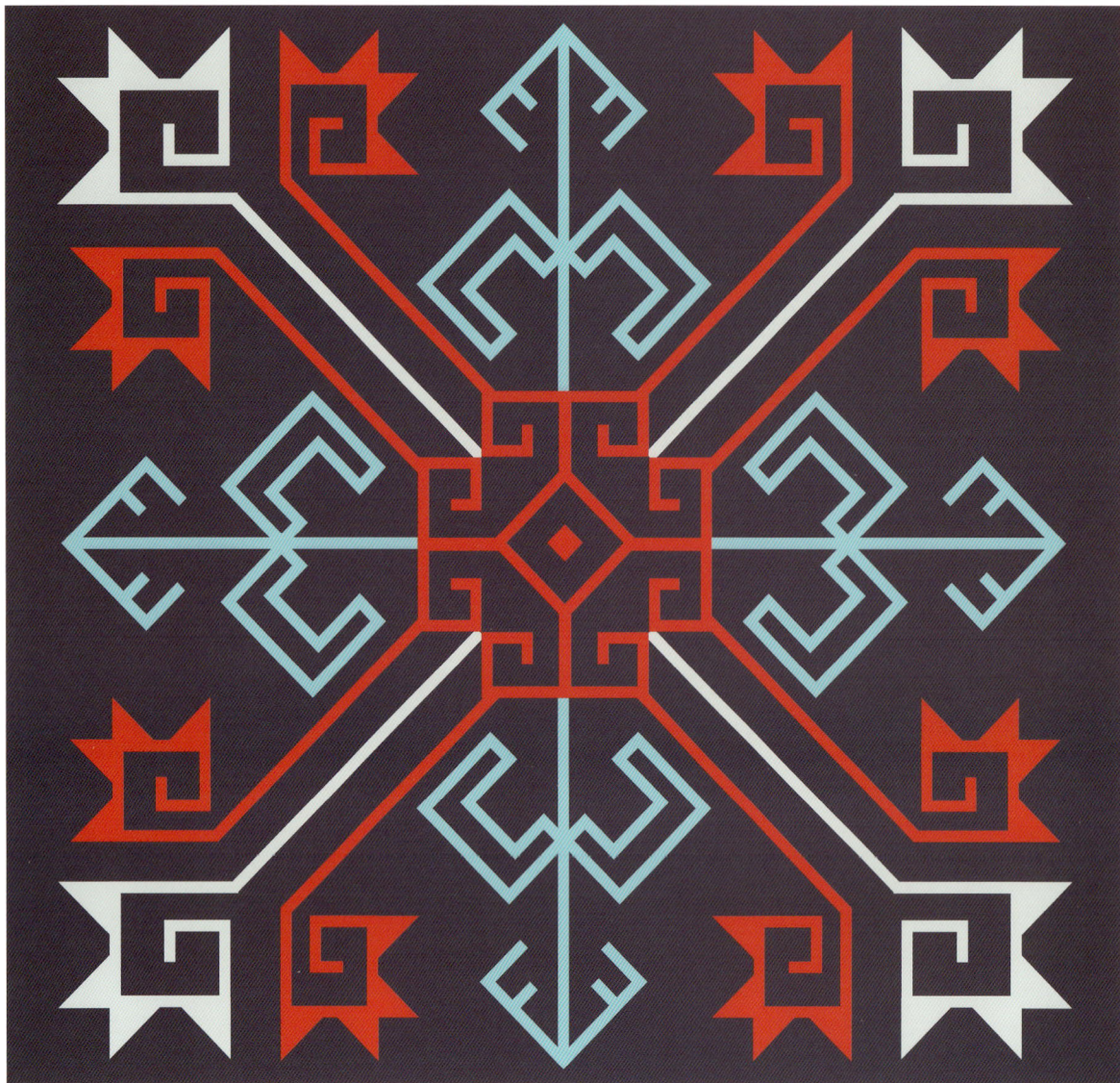

瑶族：挑花围裙局部

广西民族博物馆藏

　　此纹样是湖南省江永县过山瑶女子围裙的局部，采用挑花技法，采用十字形针法，用细密的小十字在底部上挑织花纹。这件刺绣用红、白、蓝三色构成了单独的几何形纹样，图案对称工整，设色和谐。

53 八角花纹

瑶族：挑花围腰

广西民族博物馆藏

　　这是广西田林盘古瑶女服的围腰，采用挑花技法完成。其中主体纹样是菱形花瓣的八角花纹，为红黄、红绿搭配，色彩艳丽，呈二方连续排列。上下装饰有红色波浪形饰带，还绲上红、黄、蓝三色布边，起装饰及加固作用，同时也增加了画面的层次感。

54 石榴花草纹

彝族:刺绣背儿带

台湾史前文化博物馆藏

此纹样取自云南富宁的刺绣
背儿带的局部,黑色地上绣以黄、
绿、蓝等色石榴花草纹。人们喜
欢花草的原因除了其赏心悦目,
还因其具有繁盛的生殖力,常用
来暗喻女人怀孕得子,又为多产
的象征,其中又以石榴、莲花等
纹样的使用最为普遍。

55 梭罗花纹

苗族：织锦被面

北京服装学院民族服饰博物馆藏

　　这是苗族的被面，用通经断纬背面挖花工艺织造而成，因背面形成密集如麻的线束，形似牛肚，也称为"牛肚被面"。色彩以橘色为地，搭配黑、灰、白等色。主体纹样为梭罗花，传说是月亮中的梭罗树开的花，填充在通幅而下的菱形骨架中，构图均衡对称。

56 太阳花纹

侗族：织锦片

私人收藏

———

　　这是贵州黎平县的织锦，在黑色棉布地上，红、橘、白、绿、蓝等色线织出图案，色彩搭配和谐。纹样为太阳花，以菱形为中心，几何线条为花瓣，图案呈斜向排列，形成条形色块，规则整齐。

57 十字花纹

侗族：织锦片

私人收藏

　　这是贵州黎平的织锦。主体纹样为十字花，花瓣呈十字交错，有粉白两色，在锦面中呈二二错排，形成向右45度的斜向条纹，四周有波浪和几何形装饰，图案布局紧凑色彩搭配和谐，织工细致精美，为侗族织锦的精品。

58 十字花纹

侗族：织锦片

私人收藏

　　这是广西三江县侗族的织锦，黑色地上，用浅绿、浅粉、浅黄、浅橘等色搭配织出图案，颜色清新淡雅。主体纹样为十字花，在菱形骨架中填充两个交叉十字组成的花朵图案，形成了多个圆形相连的视觉效果，下端为卍字不断头纹边饰，右侧为正反相连的花朵图案，图案布局合理。

59 八瓣花纹

侗族：刺绣片

私人收藏

    这是贵州黎平的刺绣，黑色为地，白色线挑绣出八瓣花纹，黑白两色搭配，主题突出，色彩简单。两种形式的八瓣花图案填充在点状直线构成的菱形骨架中，呈纵向二方连续排列，规则整齐，形成疏密有致的黑白韵律感。

60 八瓣花纹

土家族：织锦

湘西土家族苗族自治州民族工艺美术研究所藏

　　这是湖南湘西土家织锦。单个纹样为八瓣花，黑色地上织出彩色花朵图案，花朵枝杆相连形成波浪形，图案呈纵向二方连续排列。图案题材都取自生活，表达了对美好生活的向往。

左汉中主编. 湖南民间美术全集——民间织锦. 湖南：湖南美术出版社，1994：51.

61 八瓣花纹

土家族：织锦

湖南省群众艺术馆藏

　　这件是湖南湘西土家织锦。纹样为八瓣花，也称作绣球花。黑地黄花的色彩搭配，单一质朴。图案呈四方连续排列，更显规则整齐。颗粒状的装饰效果，丰富了整个锦面。

左汉中主编. 湖南民间美术全集——民间织锦. 湖南：湖南美术出版社，1994：41.

62 莲花纹

瑶族：男子盛装围裙

广西民族博物馆藏

　　此纹样广西昭平盘瑶男子婚礼盛装围裙的局部。围裙上端主纹为莲花纹，采用十字挑花的技法，红、白、橘、绿的三角形为莲房，也称作莲蓬，是荷花的花心，有多子之意。莲花象征纯洁与高雅，有"出淤泥而不染，濯清涟而不妖"的美誉。单个纹样放置在方形单元格内，下端及两边以白色波浪线为骨架，填充几何纹，图案布局合理，主次分明。

63 莲花唐王纹

瑶族： 挑花女裤

广西民族博物馆藏

此纹样取自云南马关过山瑶挑花女裤的裤腿，大面积的挑花纹样主要有莲花纹、代表瑶族神话传说中祖先之一"唐王"的唐王纹下部为白色的禾苗纹和呈波浪状的河流纹，两排纹样间用红、米两色隔开，富有层次感。、蜘蛛纹、人形纹、卍字纹变形以及几何纹。条形纹穿插在几何纹样中规律排列，白、大红、粉红，绿、黄等多种颜色搭配，配色艳丽。

64 莲花纹

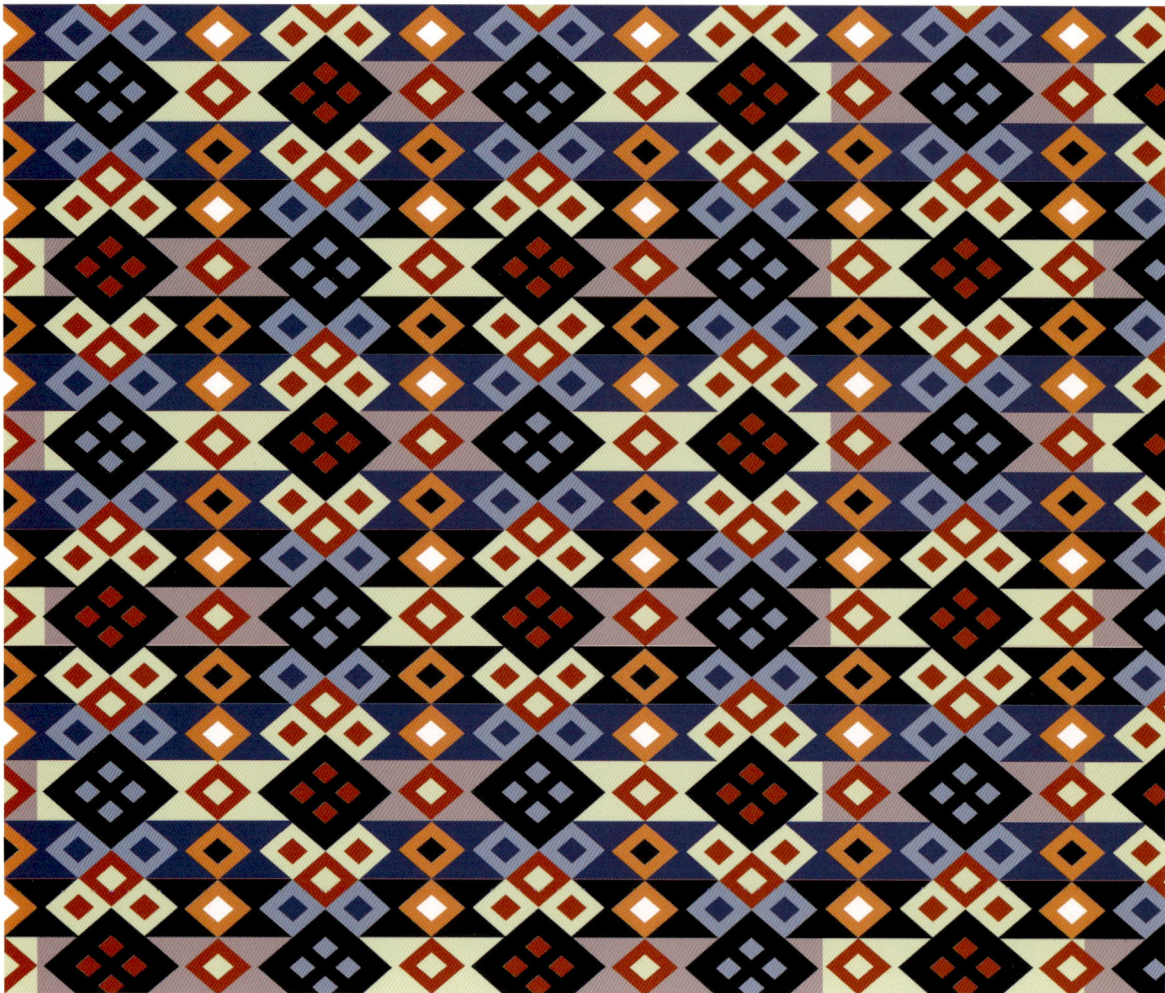

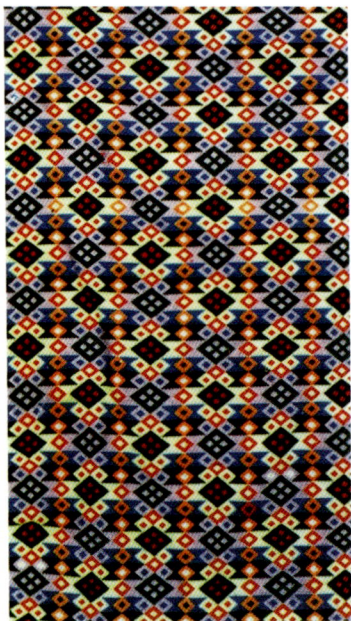

土家族：织锦

湖南龙山县织锦厂藏

　　这是湘西龙山的土家织锦的局部，主体纹样为莲花纹，呈抽象几何形式，用多彩的菱形格组成图案，呈四方连续排列。莲花纹常作为装饰，其起源与佛教有关，有清净、超然之意。莲花也称作荷花，"荷"与"和"同音，是土家族妇女对美好和谐生活的歌颂和向往。整件织锦色彩搭配和谐。

左汉中主编. 湖南民间美术全集：民间织锦. 湖南：湖南美术出版社，1994：61.

65 柿蒂花纹

苗族：刺绣、蜡染背儿带

台湾史前文化博物馆藏

　　此纹样取自贵州黄平枫香寨背儿带的局部，主体部分采用刺绣技法，系带采用蜡染技法。主体纹样为四瓣花朵的柿蒂花，因花纹似柿子底部的蒂而得名，图案呈四方连续填充在锯齿形构成的菱形骨架中，刺绣部分外形呈"T"字形。一朵朵鲜艳的红色花朵均匀分布在黑色地上，一派生机盎然。

66 梅花纹

土家族：织锦

湖南省群众艺术馆藏

　　这是湘西龙山县的土家织锦，用连续的卍字纹构成菱形骨架，骨架中填充九朵几何形的梅花纹，"九"为数字中最大的一个，有至高和无穷尽的含义，整个图案呈纵向二方连续排列。宋代诗人王安石的诗句"墙角数枝梅，凌寒独自开"呈现了梅花冒着严寒独自盛开的场景，体现出梅花坚强的品格。梅花纹与象征吉祥的卍字纹搭配，表达了美好寓意。

左汉中主编. 湖南民间美术全集——民间织锦. 湖南：湖南美术出版社，1994：62.

67 花卉纹

侗族：织锦片

私人收藏

　　这是贵州黎平的织锦，呈正方形。黑色棉布地上，多种彩色丝线织出图案，色彩典雅，设色明亮。大菱形中嵌套九个小型菱格，每个菱格中有两个三角形两两相对，花卉纹样没有具体定名。整件织锦图案用直线线条和几何形构成，构思巧妙。

68 花草纹

苗族：刺绣背儿带

台湾史前文化博物馆藏

　　此纹样取自贵州丹寨复兴的刺绣背儿带的局部，纹样以花草纹组合。正方形中嵌套菱形，以四瓣花为中心，呈圆圈层层向外扩散，构成一个完整图案，方中有圆，圆中有方，整幅图案呈中心对称。橙、红、棕相近色系的使用使颜色搭配和谐。

69 卷草花纹

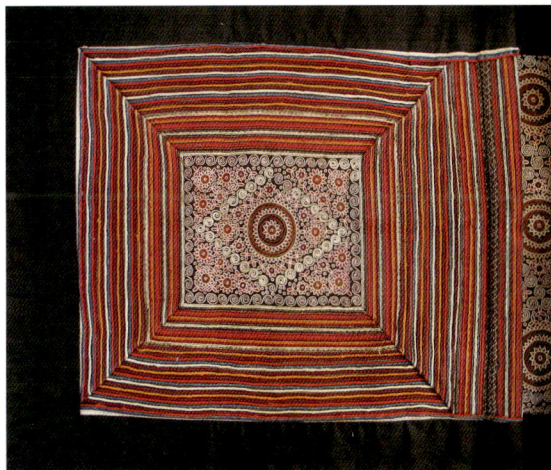

水族：刺绣背儿带

私人收藏

　　此纹样取自贵州独水水族背儿带的局部，采用先将线编成锁链式的结，然后组成图案。以长方形为图案框架，在内填充大小不等的花卉纹、太阳纹等，中心纹样为涡纹，长方形、菱形、圆形嵌套组合，周围为渐变色的橘色贴布边缘，层层向外扩展，增加了层次感，整体色调为橘色，属于相近色的配色关系。方圆组合侧面折射出为人处事之道。

70 卷草纹

柯尔克孜族：刺绣壁挂

新疆维吾尔自治区博物馆藏

　　这是新疆柯尔克孜族壁挂，采用紫红色绒做底，黑色绒布为边，在下沿边饰有黄色丝穗。用刺绣的方式将彩色编织带固定在暗红色的绒地上，用纯度很高的绿、橘、紫、白几种颜色来表现卷草、藤蔓和枝叶，展现了植物的自然形态，非常写实，颜色对比强烈。单个纹样呈中心对称，边缘的小花卉纹呈二方连续排列。

71 树 纹

瑶族：女长衣局部

广西民族博物馆藏

　　此纹样取自云南河口红头瑶女长衣的局部，中间长方形框内由白、橘两色搭配构成近似菱形的树形状，树的两侧装饰卍字纹，单位纹样呈二方连续。长方形外围左右两侧及上部为禾苗纹和呈波浪状的几何纹样，下部白色几何纹为鸡冠花。整幅图案呈中心对称，严密均齐。

72 树木纹

瑶族：刺绣女衣

广西民族博物馆藏

  此纹样取自广西贺州盘瑶刺绣女衣的局部，正中间顶部彩色部分为刚刚发芽的绿植，外层白色尖角几何纹为树木纹、波浪纹及红、黄、白、黑的条框主纹，色彩搭配和谐，图案构成极富韵律感。

天地属相 /
器物纹样

73 九个太阳纹

侗族：刺绣背儿带

台湾史前文化博物馆藏

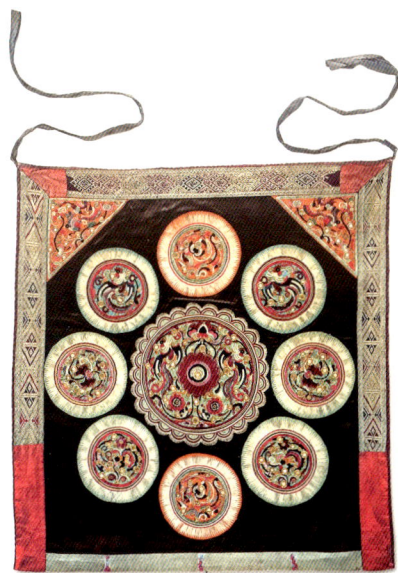

　　此纹样取自广西三江富禄的刺绣背儿带，采用破线绣和锁绣针法。在广西三江一带的侗族将此图案称作"八菜一汤"，由八个小圆围绕一个大圆组成。黑色缎面地，中间大太阳纹以水绿缎面为底，绣以凤凰牡丹纹样，四周八个小太阳，绣有花鸟纹样。该图案纹样源于侗族对太阳的崇拜，他们认为太阳是生命的象征，照耀万物生长。

74 太阳纹

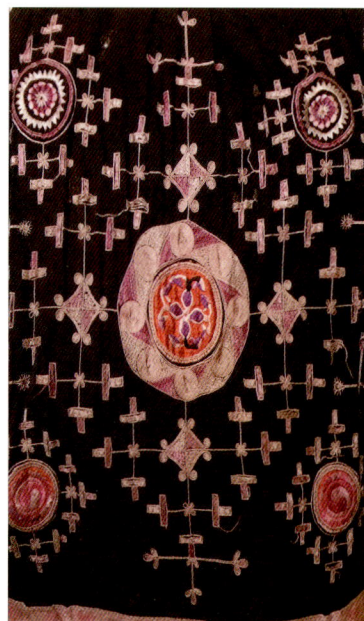

侗族：刺绣背儿带

私人收藏

　　此纹样取自贵州黎平刺绣背儿带的局部。黑色棉布地，粉、玫红、红、紫等色搭配使用，用平绣针法显现图案。中间圆形为太阳纹，中心为四瓣花，周围十字交叉的纹样为点点繁星，四角为类似图案，疏密结合。

75 太阳纹

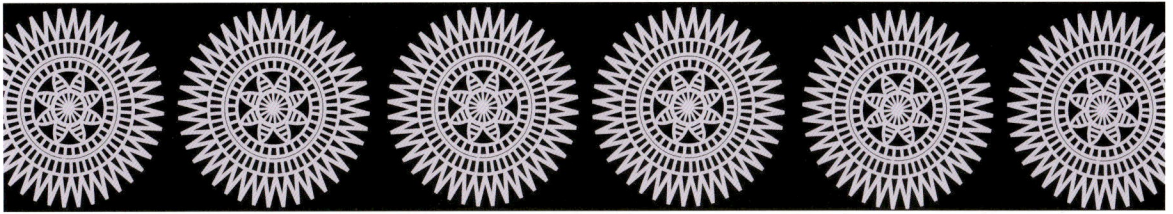

苗族：女服

私人收藏

　　此纹样取自苗族服饰的局部，在褐色亮布上，用白色线绣出了太阳的纹样。太阳象征能量，被看作是万物生长的生命之源。主体纹样为八角星纹，用双线重叠绣的技法体现，最外圈用平绣技法绣出了太阳发散的光芒，图案简洁。

76 太阳纹

苗族：百鸟衣

私人收藏

　　此纹样取自苗族百鸟衣的局部，使用平绣针法刺绣，中心为卍字纹，是太阳纹的核心，外圈黄、紫互补色搭配的半圆形是太阳散发的光芒，与花卉纹组合形成图案装饰在袖子上。整体颜色鲜艳，红地绿花或绿地红花，体现苗族大胆的用色。

77 花鸟太阳纹

苗族：刺绣背儿带

私人收藏

　　此纹样取自贵州榕江摆贝背儿带的局部，绿色布地上，用红、蓝、黑、白等色丝线绣出图案。主体纹样为太阳纹，中心为白紫相间的八角花纹，红色的花瓣象征炽热的太阳光芒，四角为蝙蝠纹样，寓意吉祥美好。

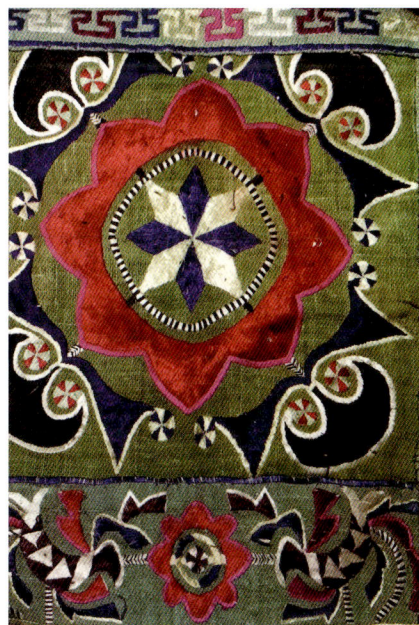

78 太阳月亮星辰纹

苗族：刺绣背儿带

台湾史前文化博物馆藏

　　此纹样取自云南广南的单件式背儿带的局部，用锁绣针法绣出太阳月亮星辰纹，以横向二方连续排列。此纹样通常绣在背带上，来保佑孩子健康成长。白、红两色的绗缝线迹及红、橘两色直线将画面分割成了几个部分，疏繁结合，色彩沉稳。

79 太阳星辰纹

苗族：上衣

私人收藏

　　此纹样取自云南文山苗族上衣的局部，用辫绣工艺在黑色地上绣出图案。主体纹样为太阳纹，用白、蓝、红、橙四色圆圈向内层层嵌套代表太阳的光芒，中心圆中排列了六个小圆形，最外圈四角和周围卷曲的纹饰为星辰纹。图案主题突出，色彩和谐。

80 太阳花纹

瑶族：挑花盖头帕

云南民族博物馆藏

　　这是云南河口瑶族自治县盘瑶挑花盖头帕，纹样区别于侗族的太阳纹，更为抽象几何化。太阳纹在瑶族被称作"太阳花"，挑花纹样中卍和太阳花都是太阳的代表，主纹为太阳花纹，此外还有鸡翅纹等几何纹样，使用灰色、棕色、土黄色等相近色线，色彩古朴。

81 榕树月亮纹

侗族：刺绣背儿带

台湾史前文化博物馆藏

　　这是贵州黎平龙额的刺绣背儿带，采用平绣针法。榕树月亮纹是侗族背儿带的典型纹样，黑色地搭配彩色丝线，色彩丰富，主题突出。主体纹样圆形为太阳纹，白色发散线条为太阳散发的光芒，四角绣上了枝叶繁茂的榕树。在侗族地区，"榕"与"龙"同音，因此榕树也被称作龙树，是当地人喜爱的生命树。侗族人相信榕树里长着月亮，没有榕树就没有光亮，常将此花纹绣在背带上，作为孩子的护身符。

82 榕树月亮纹

侗族：刺绣背儿带

台湾史前文化博物馆藏

　　这是贵州黎平龙额的刺绣背儿带，以刺绣的方式呈现。中间圆形为月亮花，蓝色地上绣有花卉纹。四角为榕树的枝干，红、绿、蓝、白等彩色半圆形小球为榕树树冠。该作品采用了锁绣针法，呈现出榕树繁茂的枝叶，体现对后代繁荣昌盛的美好愿望。榕树也是顽强生命的象征，人们在刺绣中多用榕树纹祈愿孩童健康成长。

83 八角星纹

壮族：织锦背儿带

台湾史前文化博物馆藏

　　这是广西织锦背儿带，纹样以提花方式显现，红色地搭配黄、绿、白、蓝等多色丝线构成图案，在严格的菱形骨架中填充八角星纹样，类似阴阳纹的阴纹图案。此幅结构严谨，颜色艳丽。

84 八角星纹

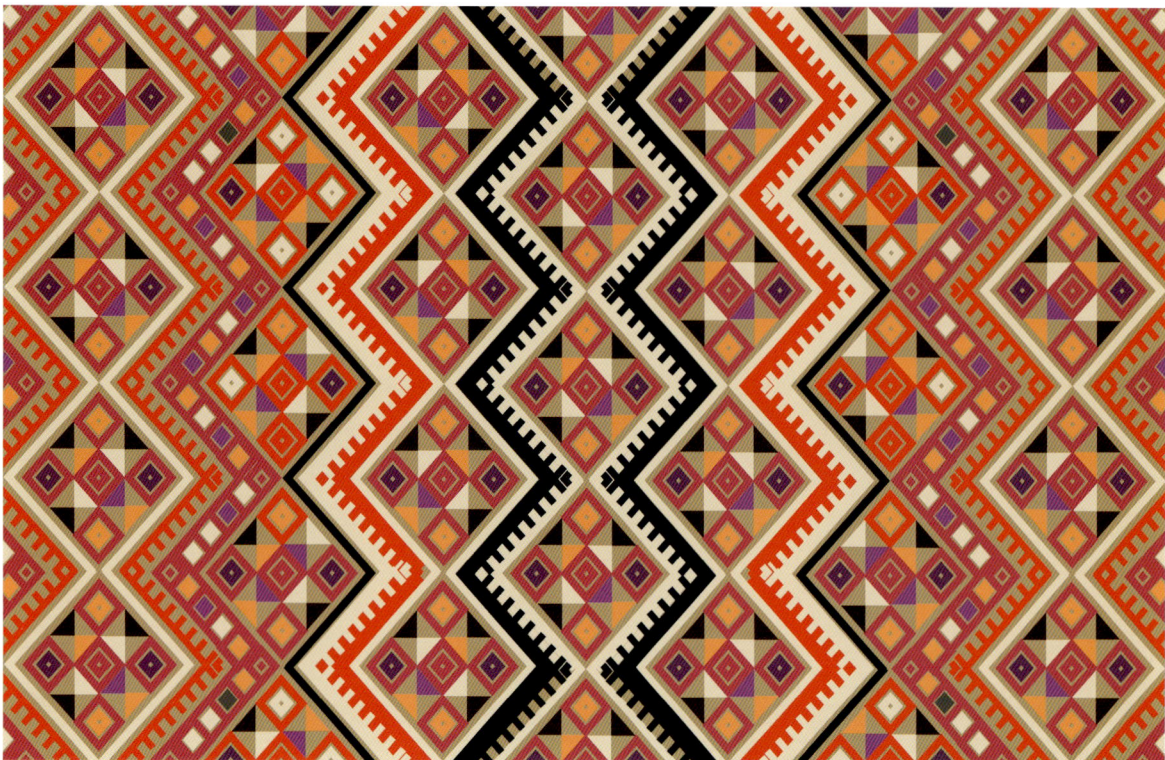

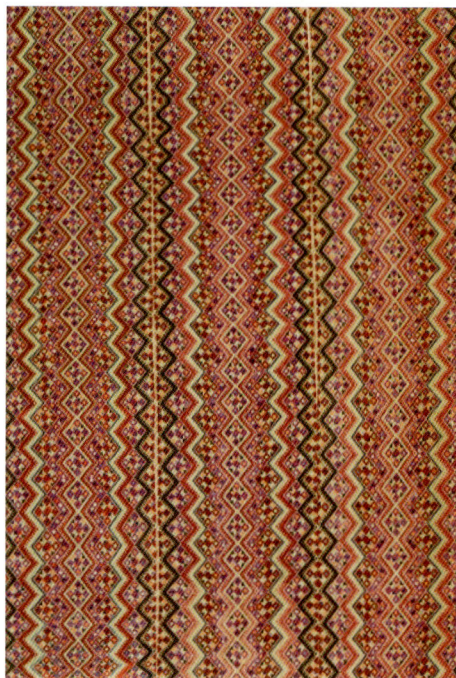

壮族：织锦被面

北京服装学院民族服饰博物馆藏

　　这是壮族的被面，采用三块窄幅织锦拼接而成。主体纹样为八角星纹，通过多个小菱形层层小菱形嵌套的留白部分来显现，填充在通幅而下的小龙纹构成的菱形骨架中，色彩明快活泼。

http://www.biftmuseum.com/

85 八角星纹

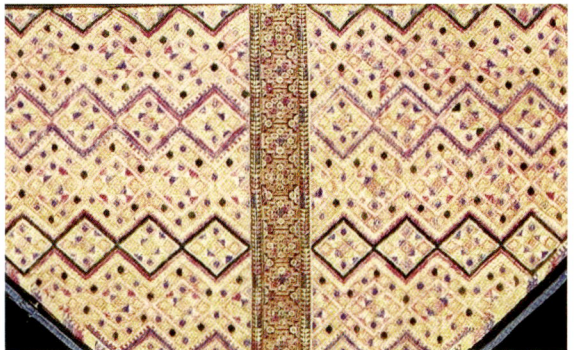

壮族：刺绣背儿带

台湾史前文化博物馆藏

　　这是广西壮族的刺绣背儿带，主体面料是织锦，通过小菱形的排列形成八角星纹，填充在菱形骨架中形成循环，连续反复增加韵律感，搭配通幅而下的小龙纹，画面饱满，配色古朴淡雅。

86 八角星纹

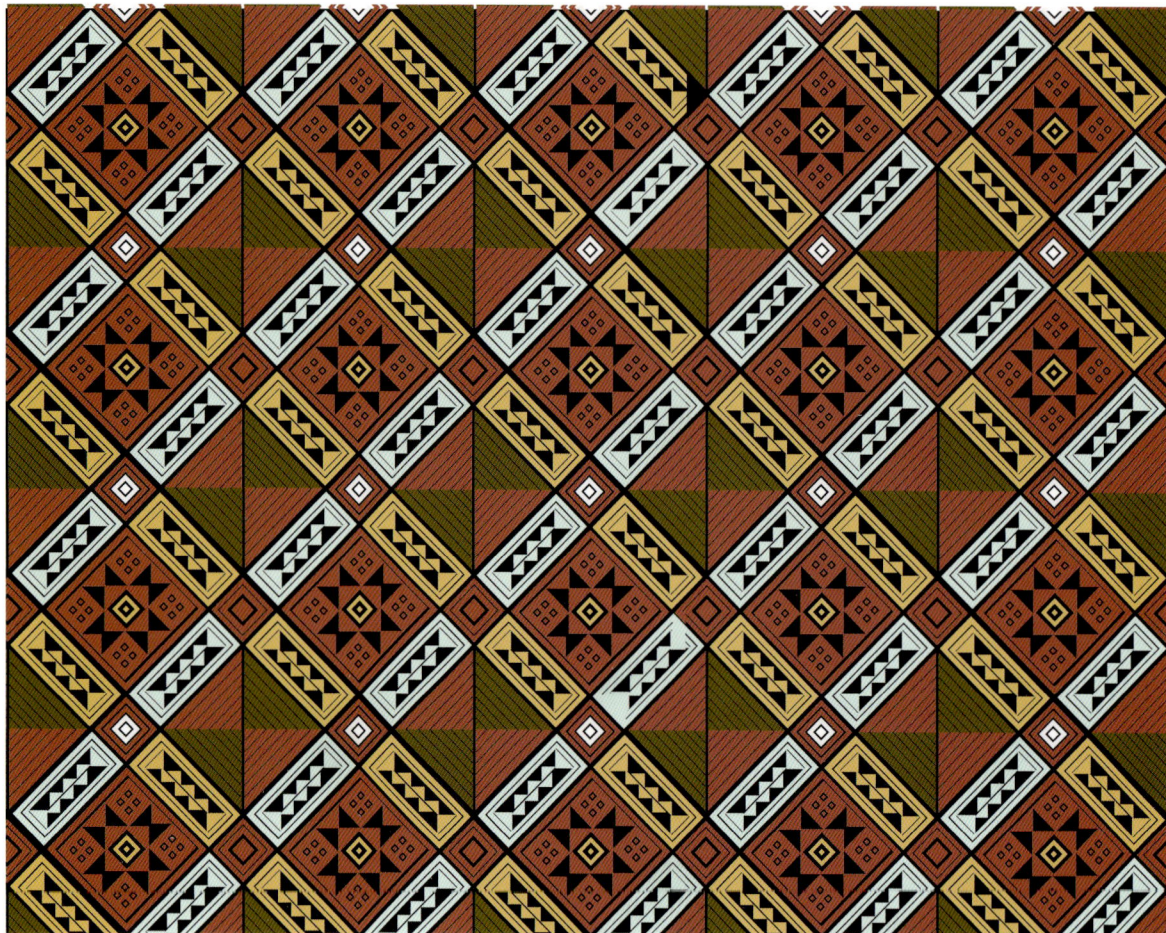

壮族：织锦背儿带

台湾史前文化博物馆藏

　　此纹样取自贵州荔波的织锦背儿带局部，以几何形为基础，在连续的菱形骨架中，红色线和黑底露出黑色底部形成八角星纹，白、黄两色交织形成三角形。红、绿两色在菱形骨架内形成回字纹，层层嵌套具有立体感。红绿互补色的搭配艳而不俗。

87 八角星纹

哈萨克族：刺绣装饰

新疆维吾尔自治区博物馆藏

　　这是哈萨克族的绣品，白色棉布地，采用了十字挑花的技法。哈萨克族图案一般为对称纹样，不仅是整体图案对称，也体现在单个纹样的对称中。红、黑、蓝三色线条构成的八角星纹是这件绣品的主要纹样，上下左右对称并呈横向二方连续有规律的排列，是常用装饰纹样。

88 八角星纹

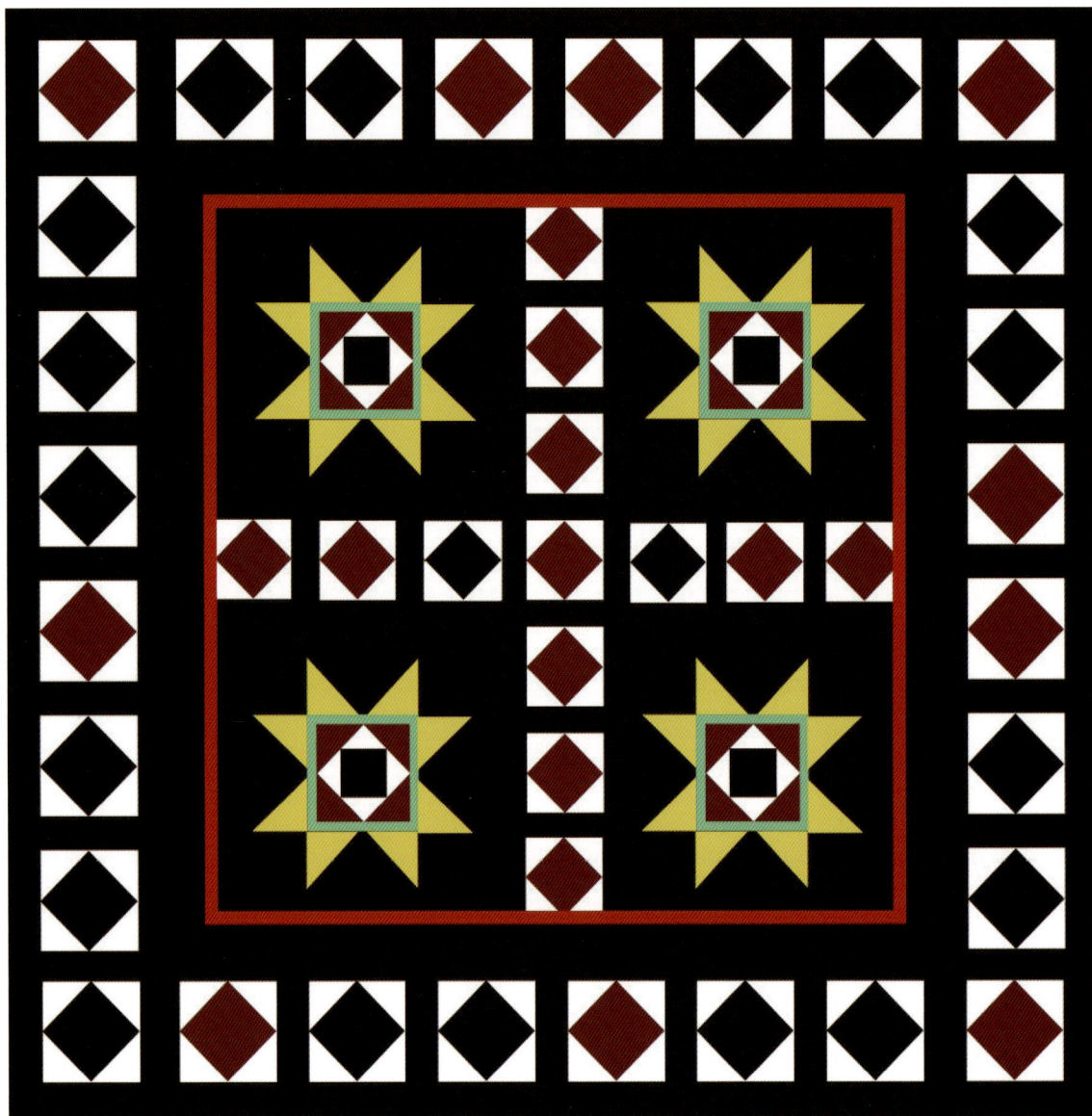

塔吉克族：拼布围裙

新疆维吾尔自治区博物馆藏

　　这是塔吉克族围裙。图案由白、黄、深红三色的三角形拼贴而成，色彩简单大气。用白色三角形拼贴而成的红色和黑色菱形连续排列，将大正方形分割成四个小正方形，每个小正方形中填充八角星纹，并装饰在大正方形四周，层层嵌套，图案简洁。

89 八角星纹

塔吉克族：拼布挂饰

新疆维吾尔自治区博物馆藏

　　这是塔吉克族的挂饰，在暗红色绒布地上，通过白、橘和紫三色拼贴组成塔吉克纹样中最常使用的三角形，三角形代表高山，是当地人民对自然界中山的崇拜和依恋。以十字纹为中心四周的纹样，两个菱形用八角星纹相连，构成整齐连续的图案，上下及左右两端有几何纹条饰。

90 卷云纹

苗族：贴布绣背儿带

私人收藏

　　这是贵州安顺背儿带的局部，是典型贴布绣作品，即将布料剪成规律纹样，在纹样边缘以丝线均匀固定，呈锁边效果。线条卷曲灵动，呈卷云纹，首尾相接被安放在方形框架内，拼布绣片巧妙应用底布与面料的色差，呈现出深浅不一、对比分明的效果。

91 卷云纹

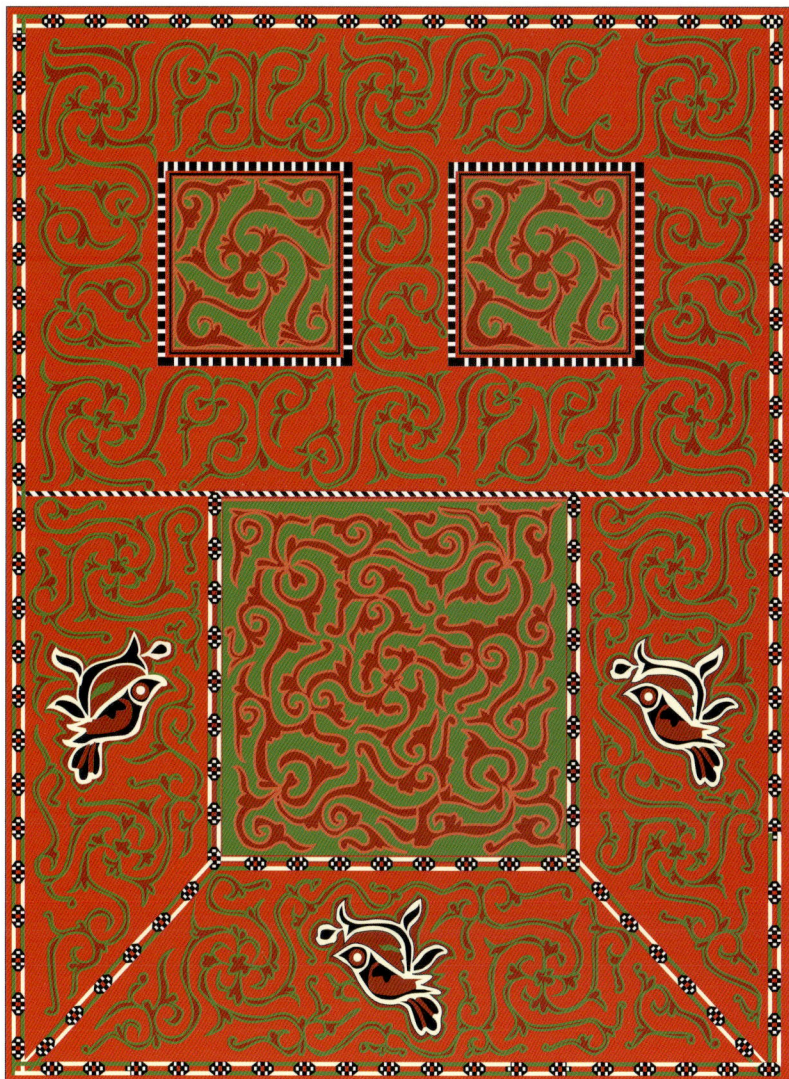

苗族：贴布绣背儿带

台湾史前文化博物馆藏

　　这是贵州黔西背儿带的局部，采用贴布绣的方式形成纹样，红绿互补搭配使用。图案以代表太阳的"十"和"卍"为中心向四周发散形成首尾相连的纹样，象征太阳光芒万丈，普照大地。有的苗族地区也将卍字纹称作"水车纹"，象征生命生生不息。

92 卷云纹

苗族：贴布绣背儿带

台湾史前文化博物馆藏

　　这是贵州黔西背儿带的局部，纹样以贴补绣方式显现，黄绿地上绣以卷云纹，抽象夸张。纹样以十字纹为中心向四周扩散，布局形式呈中心对称式。红、黄、绿三原色的搭配，色彩饱和度高，互补色的使用使得视觉效果突出。

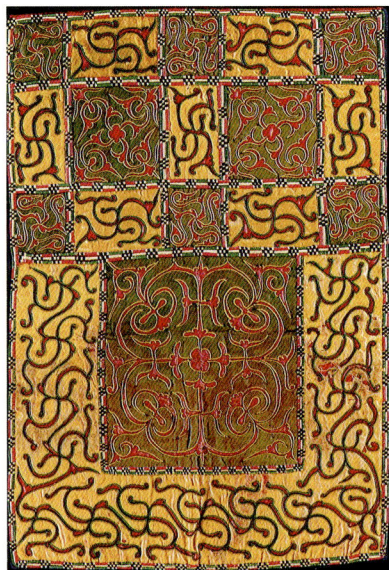

93 雪花纹

瑶族：挑花腰带

广西民族博物馆藏

　　此纹样取自云南勐腊的顶板瑶男子腰带的局部，整件采用了挑花的方式，用黄、蓝、绿几色搭配，深红色点缀其中，突出层次感，形成独特的效果。单位纹样呈四方连续排列，接近汉字"井"，由八瓣组成，用短小线段构成了抽象的雪花形态，形象生动。

94 雪花卍字纹

瑶族：男子婚礼盛装围裙

广西民族博物馆藏

　　此纹样取自广西昭平的盘瑶男子婚礼盛装的围裙局部，红、橘、绿、白四色用挑花的方式挑出图案，主体纹样是绿白两色相间的雪花纹，相间上下是红白两色的卍字和龙角花组合纹样，均以二方连续有规律排列。空隙地方用橘色盘王纹填充，图案以中心井字纹呈上下对称构成，规则整齐，红绿对比色使用使得整个画面色彩强烈鲜明。

95 古钱纹

回族：枕头枕顶

新疆维吾尔自治区博物馆藏

　　这是回族小枕头的枕顶，采用拼布工艺。纯色地上，用多色构成古钱纹样，呈四方连续排列。古钱纹外圆内方，"没有规矩不成方圆"便来自于此，除此，古钱纹也代表了人们对兴旺发达、财源滚滚的美好期待。

98 背笼花纹

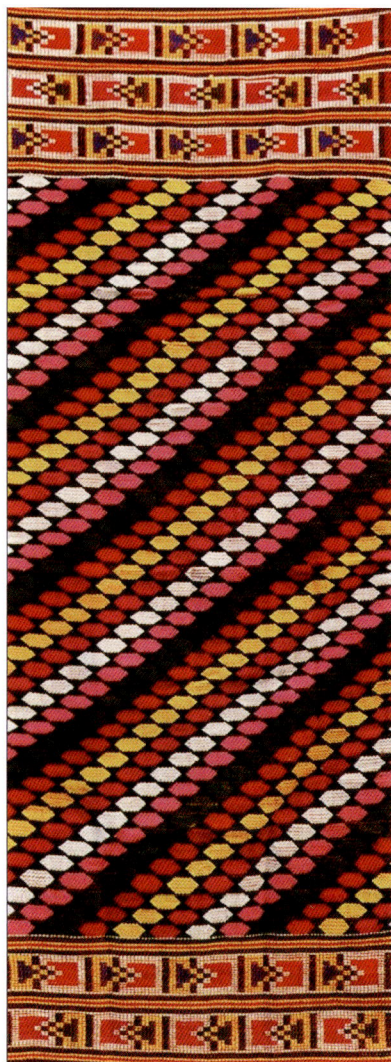

土家族：织锦

湖南省工艺美术研究所藏

　　这是湖南湘西龙山县朱家寨的土家织锦，土家语又称"禾罗毕"（意为牛眼珠），因形似日常所用盛东西的竹编背篓又称作"背笼花"，色彩丰富，艳丽多彩。单个六边形连续排列形成带状图案，挡头纹使用三排二方连续的猴手纹并列，与中心锦面呈斜向的纹样形成对比。

左汉中主编. 湖南民间美术全集——民间织锦. 湖南：湖南美术出版社，1994：25

99 豆腐架纹

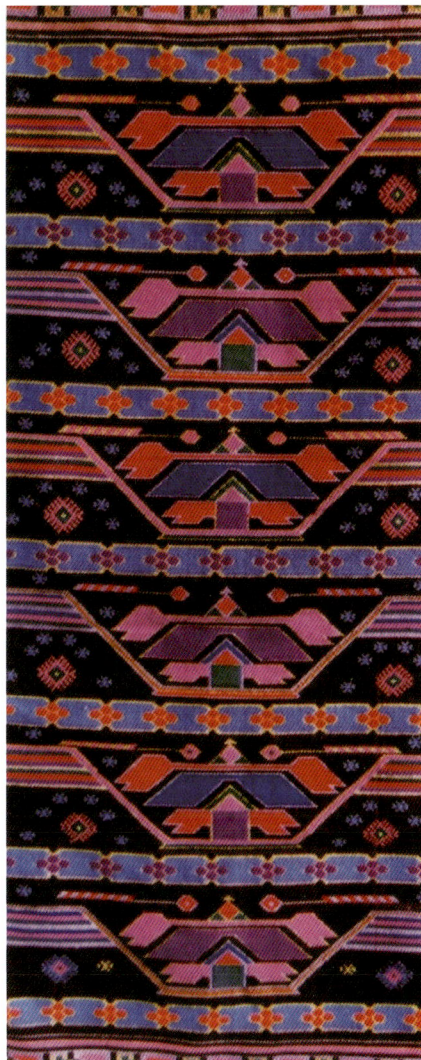

土家族：织锦

湘西土家族苗族自治州民族工艺美术研究所藏

　　这是湖南湘西龙山苗儿滩的土家织锦，粉、紫、红相近色系的使用，使锦面色彩和谐沉稳。豆腐架是土家族做豆腐所用的工具，取自生活，表达了土家人对生活的热爱。图案在整个锦面中呈纵向的二方连续排列，左右对称，形象生动地再现了锅以及上下磨盘的形状。整件织锦构图工整。

左汉中主编. 湖南民间美术全集——民间织锦. 湖南：湖南美术出版社，1994：44.

100 窗 纹

苗族：刺绣围裙

私人收藏

　　此纹样取自贵州黔东南地区短裙苗族女围裙局部。主体纹样为"空翻蝶"，在短裙苗族中对于这种纹样还有一种说法，说形制似"窗"，能在窗中看到美好的愿景。红色地上用酒红、橙、浅绿、白等色线刺绣，菱形骨架规整平稳。

101 椅子花纹

土家族：织锦被面

北京服装学院民族服饰博物馆藏

　　这是湖南湘西土家族的织锦被面，用通经断纬的方式织造而成，实物由三窄幅织锦拼接形成被面。椅子花在土家语中为"块毕卡普"，是家家户户都有的生活用品。此图案中四个六边形为椅子，中间的菱形象征火塘，这件织锦呈现了冬天一家人围坐在火塘边取暖其乐融融的场景，整体色调明亮鲜艳。

http://www.biftmuseum.com/

102 大烂枯梅纹

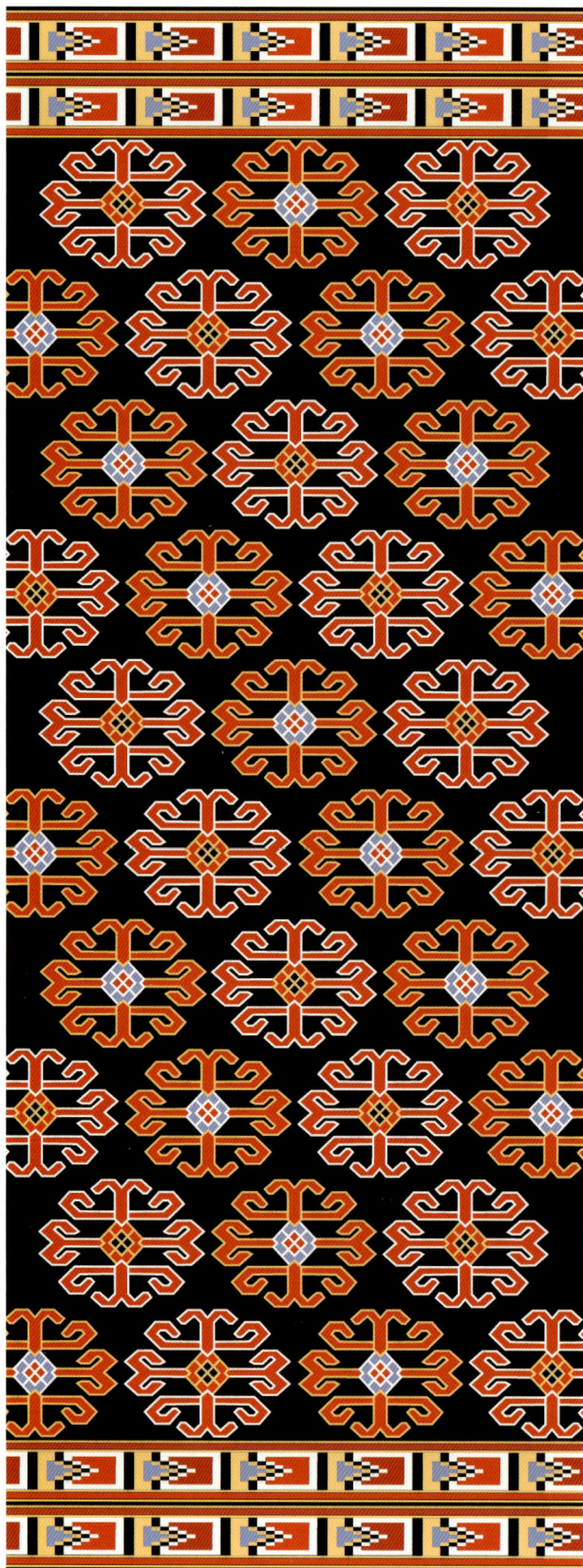

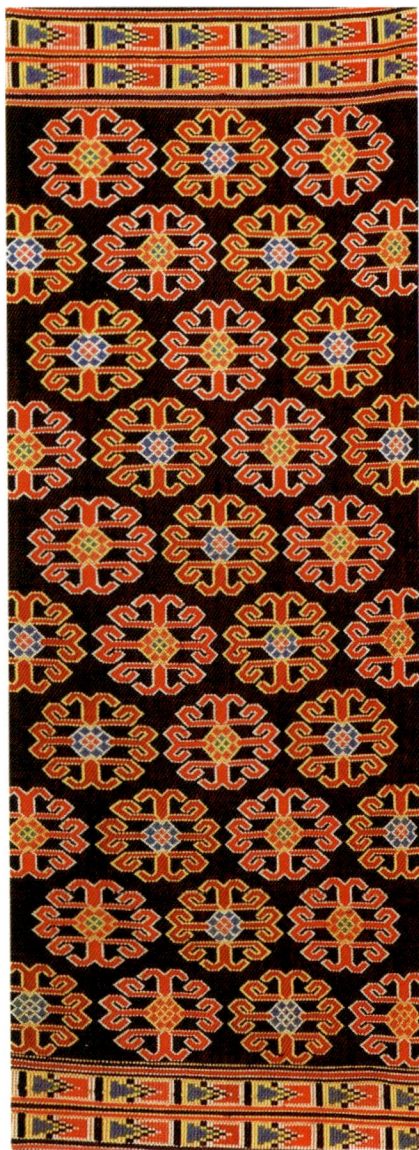

土家族：织锦

湖南省群众艺术馆藏

　　这是湖南湘西的土家织锦。橘、红两色在黑底上更为突出。主体是由十二勾组成的近似圆形的纹样，这种纹样虽然叫作大烂枯梅，但实际上是耕牛用的枷担，通常称作"轭"。图案呈四方连续排列，严谨又不呆板。

左汉中主编. 湖南民间美术全集——民间织锦. 湖南：湖南美术出版社，1994：43.

103 锯齿纹

土家族：织锦

湖南省群众艺术馆藏

　　这是湖南湘西龙山县生产的土家织锦，主体纹样因形似锯齿而被称作"锯齿花"，土家语中叫"克车"。红、黄、蓝、白等多色纬线构成规则的小三角形、菱形块，从上到下连续排列构成曲折的图案，动态感十足，上下挡头为猴手纹装饰。

左汉中主编. 湖南民间美术全集——民间织锦. 湖南：湖南美术出版社，1994：46.

104 小称勾纹

土家族：织锦片

湖南省工艺美术研究所藏

　　这是湖南湘西龙山土家织
锦传承人叶作香所织的织锦。
橘、红、蓝、黄等多色织出图
案，配色鲜艳夺目，主题突出。
小称勾纹形似英文字母"S"，
和地色形成鲜明对比，白色的
狗牙齿纹填充在菱形格外，图
案饱满丰富。

左汉中主编. 湖南民间美术全
集——民间织锦. 湖南：湖南美术
出版社，1994：34

文字纹样

105 千丘田纹

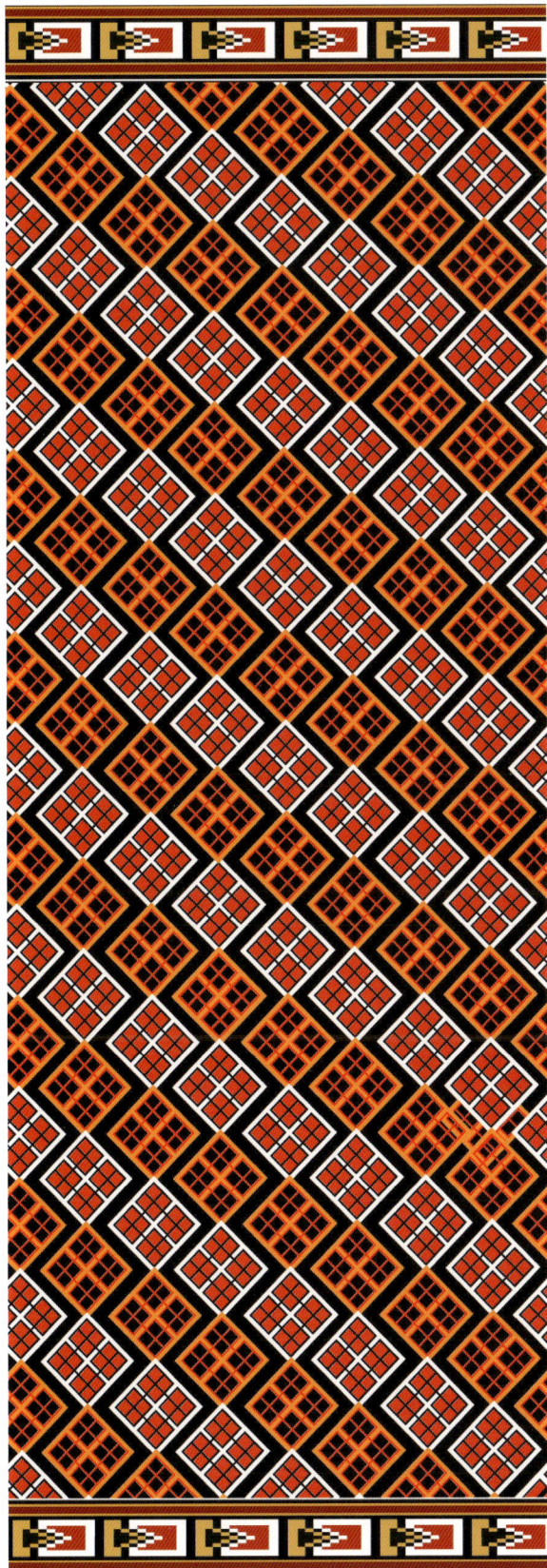

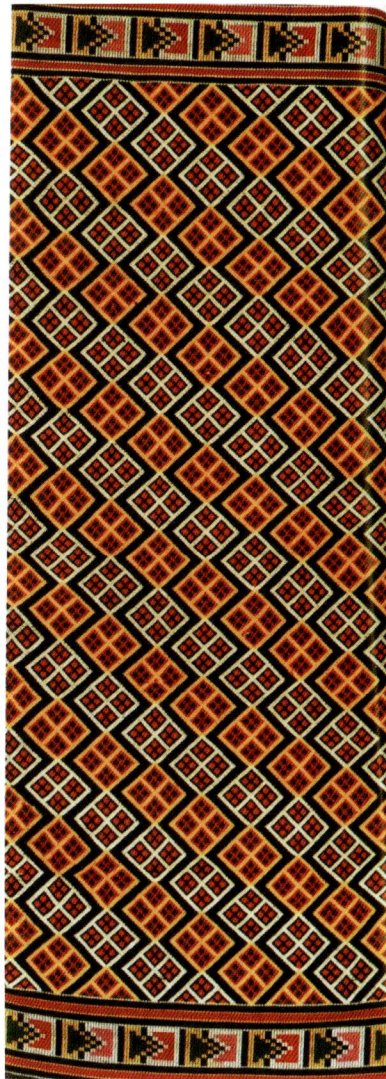

土家族：织锦

湖南龙山县织锦厂藏

　　这是湖南湘西土家织锦。单个纹样以汉字"田"为原型，进行45度旋转形成，相较于规矩的田字更为活泼生动。橘、红、白三色的使用，形成斜线，格律感强。土地是劳动人民赖以生存的基础，乡间遍地都是形似田字的农田，因此也称作"千丘田"，该纹样表达了土家人在农耕生活时期对土地的渴望和热爱。

左汉中主编. 湖南民间美术全集——民间织锦. 湖南：湖南美术出版社，1994：28.

106 福禄寿喜纹

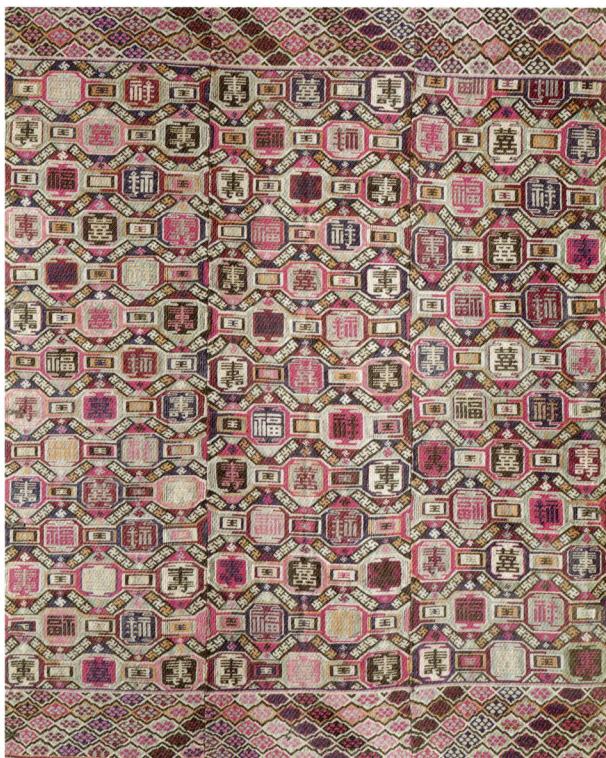

土家族：织锦被面

北京服装学院民族服饰博物馆藏

这是由三窄幅织锦拼接而成的被面，主体纹样为汉字，有福、禄、寿、喜四个大字，分别放置在六边形的骨架中，装饰三个卍字纹的长方形作为骨架。每个字都代表了一种吉祥含义，福、禄、寿、喜分别代表福气、运气、长寿、喜庆，表达了对生活的美好向往和期待，色彩鲜艳明快，朝气蓬勃。

http://www.biftmuseum.com/

107 麟祉呈祥纹

壮族：刺绣背儿带

台湾史前文化博物馆藏

这是广西金秀背儿带的局部，采用了平绣、排针、贴布等多种装饰技法。画心以刺绣方式绣有麒麟送子吉祥纹样，四周辅以汉字"麟祉呈祥"，旧时指贺人生子的意思，现多用指子孙昌盛，也用来对学子捷取功名的祝愿以及对如意吉祥和发财致富的期盼，四角为花卉纹。正方形框用蝴蝶花卉和金鱼纹样填充，外围为古钱纹贴布绣。

108 井字纹

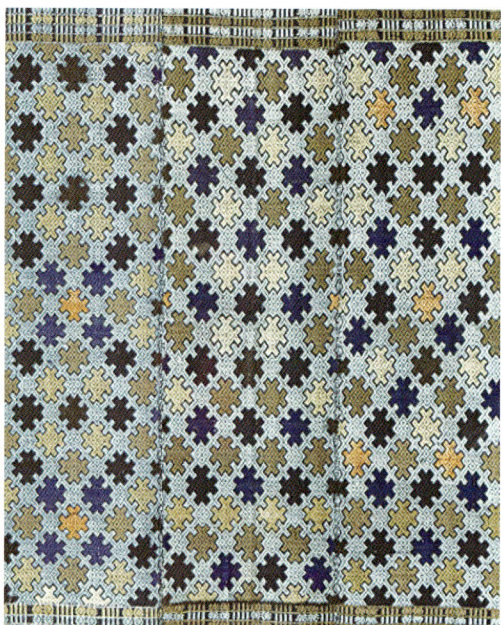

布依族：织锦被面

北京服装学院民族服饰博物馆藏

这是贵州荔波布依族的织锦，为三块拼缝做被面使用。黄、紫、黑、棕等色织出图案。主体纹样为井字纹，"井"字源于布依族对赖以生存之水的崇拜，也多用来象征人丁和好运如井水般川流不息。单个纹样呈四方连续均匀分布在整个锦面上，图案规整，但色彩搭配并没遵循严格的规律，反倒增添了一些活泼感。

http://www.biftmuseum.com/

109 井字卍字组合纹

瑶族：女裤局部

广西民族博物馆藏

　　此纹样取自云南勐腊顶板瑶女裤的局部，用挑花的方式形成大小不一、形状各异的几何纹，由湖蓝搭配黄色或橘色的人头花纹样组成近似菱形的图案，两两图案间用"井"字或卍字纹相连。有湖蓝、黄、橘、绿、深红、粉红等多种色彩搭配，画面鲜活跳跃。

110 井字纹

苗族：刺绣背儿带

台湾史前文化博物馆藏

此纹样取自贵州黎平六合的刺绣背儿带，装饰手法是典型的数纱绣，也称作挑花，即根据纹样外轮廓挑出丝线整个区域，丝线一般为劈线，色泽艳丽，触感光滑，配色大胆。主体纹样是"井"，填充在长方形的骨架中，四角相交处装饰卍字纹，向四周重复连续绵延扩展。

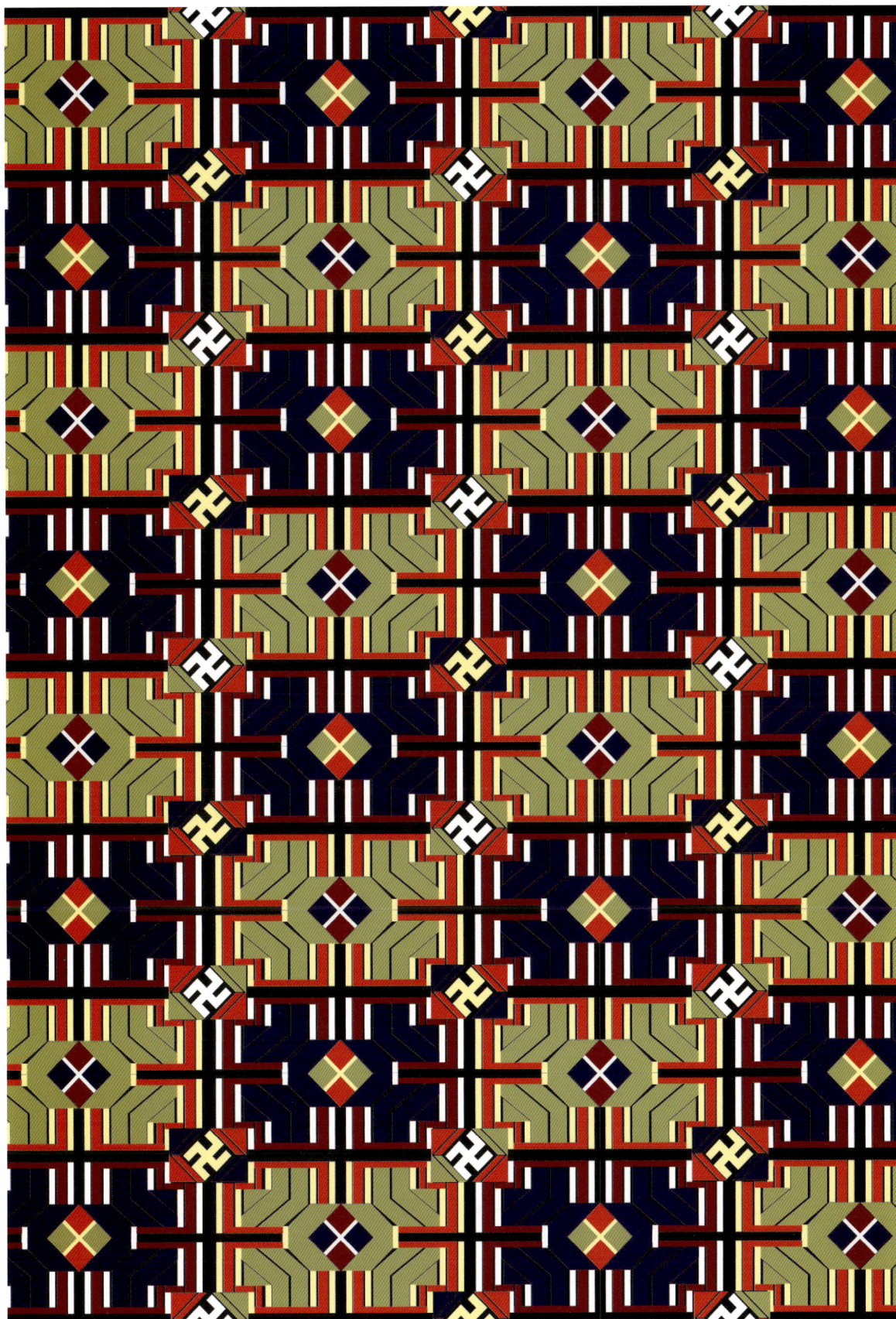

111 王字纹

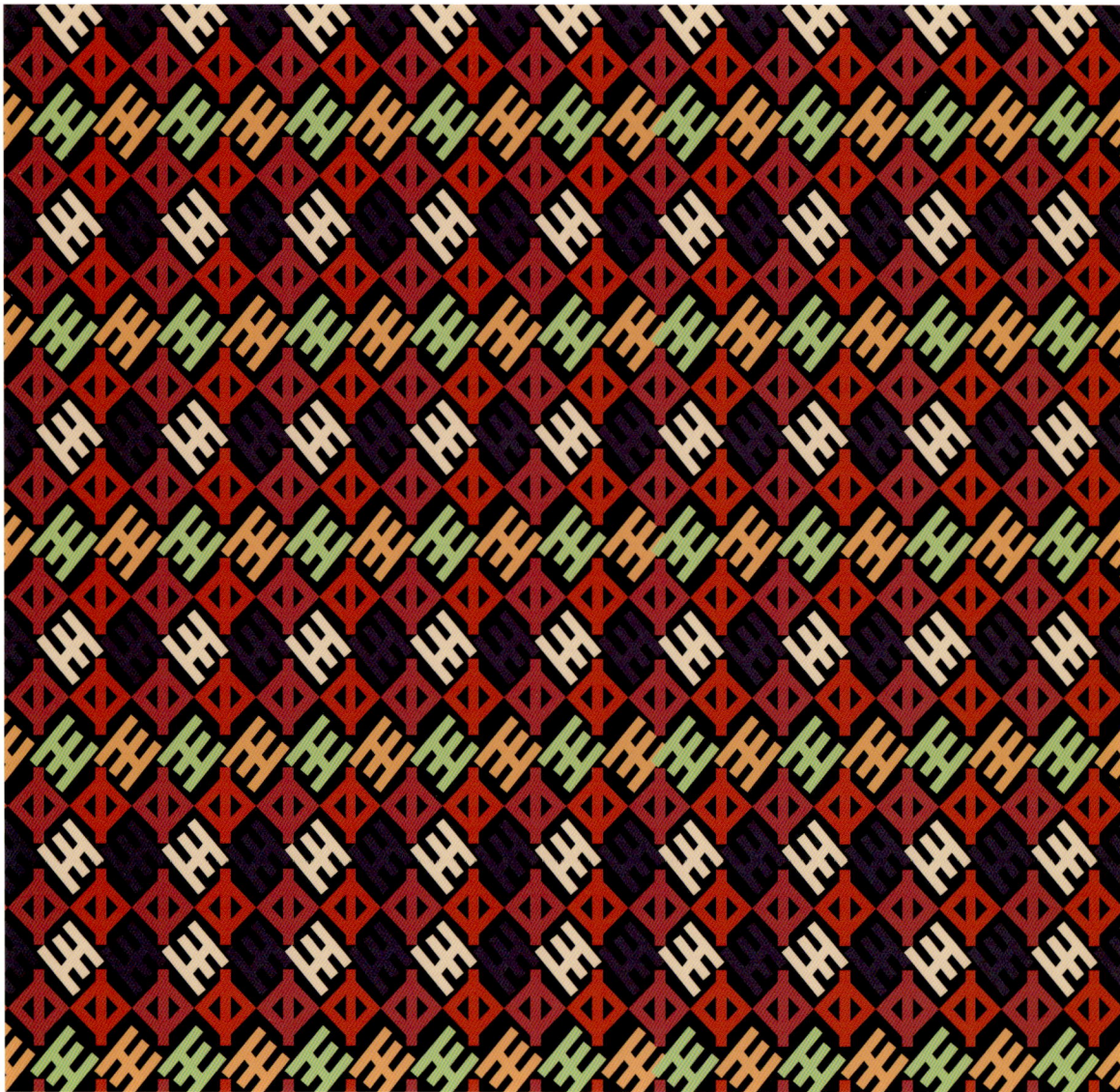

壮族：织锦背儿带

台湾史前文化博物馆藏

　　此纹样取自广西壮族背儿带的织锦部分，织锦的四周缝以黑色棉布。纹样以王字纹和几何纹交错排列，"王"为古代一国君主的称号，即指能够统领全国的人，包含聪明智慧、有勇有谋的寓意。以黑色为地，纬线颜色为宝蓝、明黄、大红等色，对比鲜明。

112 婚姻纹

瑶族：荷包

云南民族博物馆藏

　　这是云南麻栗坡县蓝靛瑶女盛装上的荷包。荷包中间刺绣婚姻二字，是蓝靛瑶族女性结婚时佩带之物，直观体现了该族人对新人婚姻长久的美好祝愿，红色为主要色彩，代表喜庆和吉祥。汉字在纺织品上的使用，是汉文化和本土文化相互影响交融的结果。

113 日字纹

瑶族：男裤裤腿

广西民族博物馆藏

此纹样取自湖南江华瑶族自治县男裤裤腿，主题纹样是大面积竖挑的日字纹，由土黄、白、浅黄等相近色搭配组成，沉稳古朴。该裤腿采用了四排二方连续图案，第二排和第四排的汉字"日"分别呈向右和向左45度角倾斜，连续排列。

114 回字纹

瑶族：织锦腰带

广西民族博物馆藏

　　这是广西全州东山瑶的织锦腰带，为经锦显花。白色线为纬线，红、玫红、绿等色线为经，颜色艳丽，艳而不俗。因纹样形似汉字"回"而得名，有红、玫红两色，旋转45度后以排为单位交替排列，呈四方连续，因经线较粗，纹样很有立体感。

115 回字纹／锯齿纹

壮族：织锦

北京服装学院民族服饰博物馆藏

　　此纹样取自壮族织锦局部，以米色为地，土黄、蓝、浅绿等色为纬织成，相近色系搭配温暖柔和。图案以菱形为骨架，分别填充四个小菱形格图案及回字纹和锯齿纹，图案饱满。

http://www.biftmuseum.com/

116 山字纹

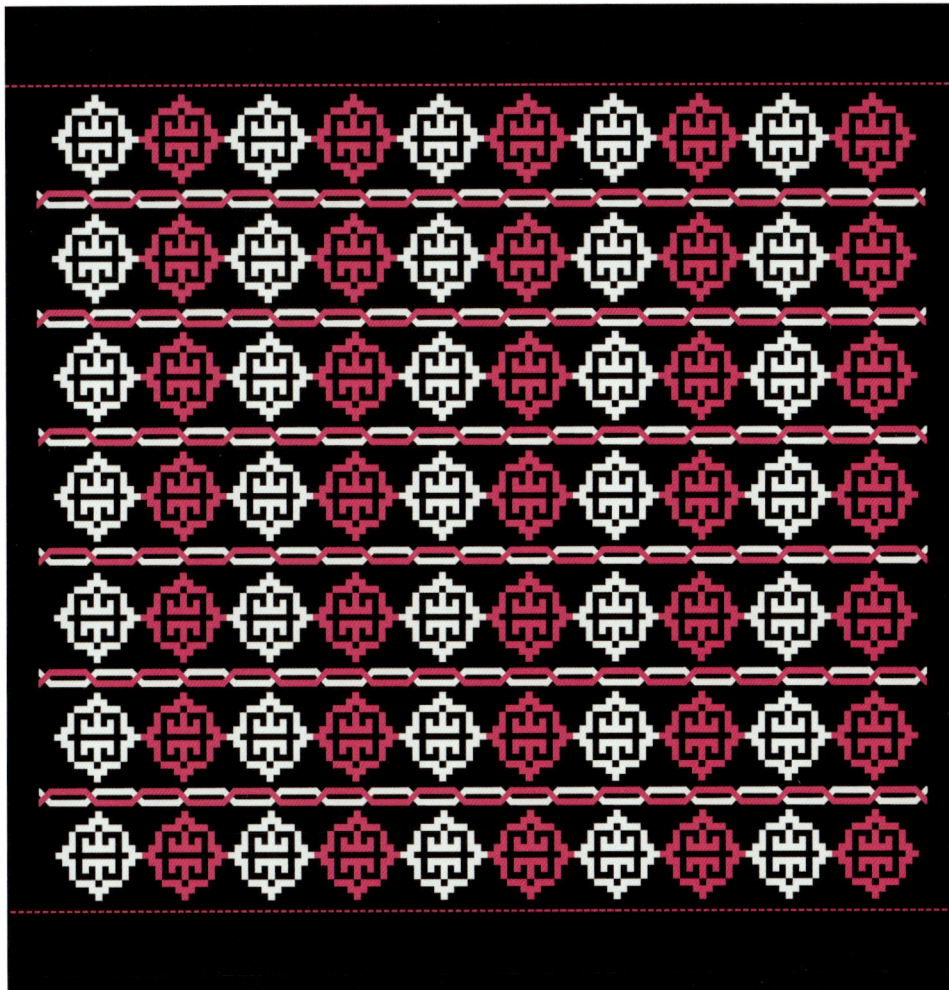

瑶族：绑腿

广西民族博物馆藏

　　这件绑腿是广西百色木柄瑶女服中的配饰，用挑花方式挑出边缘呈锯齿状近似菱形的纹样，内为两个"山"字。图案有粉红和白两色，在黑色地上依次交替出现，有规律地呈纵向二方连续排列，图案简单，富有节奏感。

117 卍字曲水纹

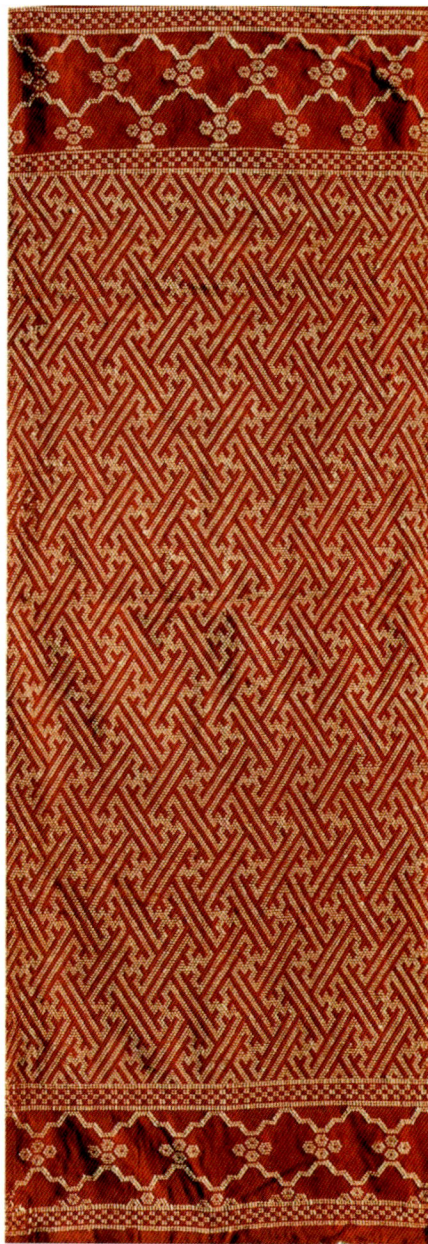

土家族:织锦

湖南省群众艺术馆藏

　　这是湖南湘西地区的土家织锦，仅有米、红两色。主体纹样是寓意绵绵不绝的卍字曲水纹，两挡头为二方连续排列的藤藤花纹，尽显吉祥美好寓意。

左汉中主编. 湖南民间美术全集——民间织锦. 湖南：湖南美术出版社，1994：42.

几何纹样

118 卍字纹

苗族：绣片

私人收藏

　　这是贵州黄平的数纱绣绣片，采用先绣后染的工艺，地与花同色。布面为规则几何纹，呈菱形结构，内有方形与十字形交叉结构，有规律的九个卍字纹排列，分别居于外缘角落及正中与方形中心，颜色古朴沉稳。

119 四十八勾纹

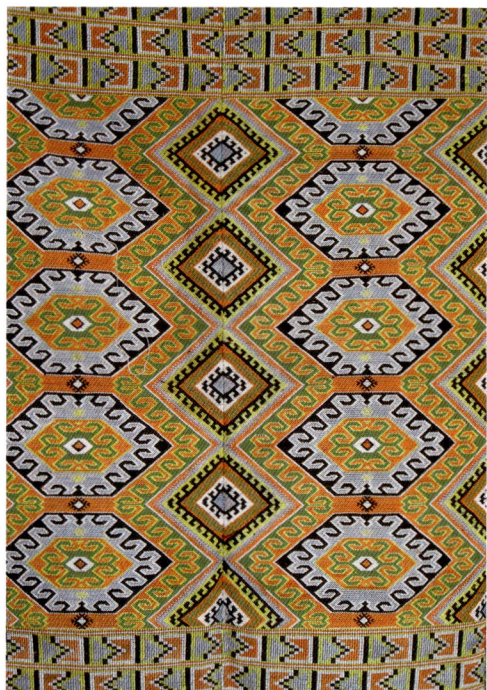

土家族：织锦被面

中国丝绸博物馆藏

　　这是湖南湘西地区的被面，由两幅织锦拼接而成。土黄、橘、绿、棕、灰等色搭配，色调沉稳。主体纹样为土家族最具代表性的四十八勾，原型是自然中的倒钩藤，由八勾发展而来，层层向外扩散勾勾相连形成四十八勾，放置在菱形骨架中形成锦面。关于其所代表的文化含义，与土家人的太阳崇拜及婚嫁文化紧密相连。

120 八勾花纹

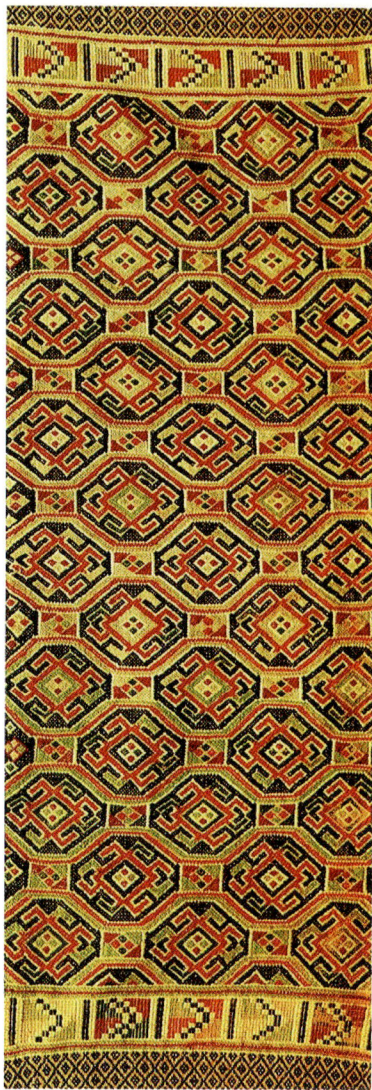

土家族：织锦

湖南省群众艺术馆藏

　　这是湖南湘西地区的土家织锦，以黑色为地，用红、黄、绿等色织出纹样，色彩对比强烈。主体纹样为单八勾，是土家族最常见的抽象纹样，填充在八边形骨架中，呈四方连续有序排列，两挡头用土家织锦中最为常用的猴手纹装饰锦面，主次分明。

左汉中主编. 湖南民间美术全集——民间织锦. 湖南：湖南美术出版社，1994：36.

121 大称勾纹

土家族：织锦被面

北京服装学院民族服饰博物馆藏

　　这是湖南湘西的织锦被面，由三块窄幅织锦拼接而成，上下拼接有黑色棉布。图案为土家织锦中最为常见的勾纹纹样，形似字母"S"，采用类似于六边形的骨架将纹样填充其中，外圈为连续不断的卍字纹，上下挡头为二方连续排列的雷纹，整件织锦图案对称平衡，具有鲜明的形式美感。

http://www.biftmuseum.com/

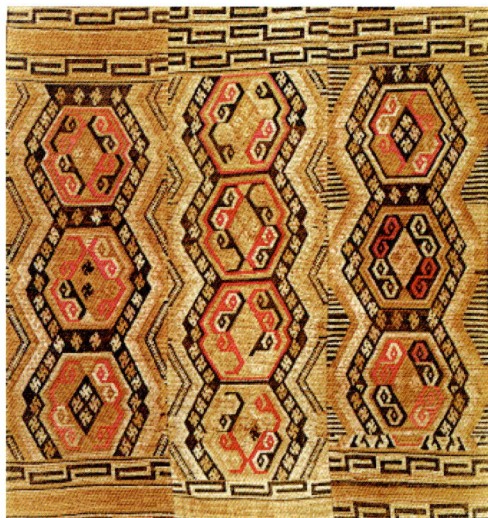

122 大称勾纹

土家族：织锦

湖南省工艺美术研究所、湖南龙山县织锦厂藏

　　这是湖南湘西龙山县织锦，主体纹样为大称勾纹，是最为常用的纹样之一，以红色为主色调，喜庆热闹。大称勾纹是以大适合纹样为表现的，称即传统称杆，而称勾是称头上用来挂物体的勾子，呈"S"形。该大称勾纹分布在严格的六边形骨架中，骨架间利用卍字纹将缝隙填满，构图饱满。

左汉中主编. 湖南民间美术全集——民间织锦. 湖南：湖南美术出版社，1994：35.

123 勾连雷纹

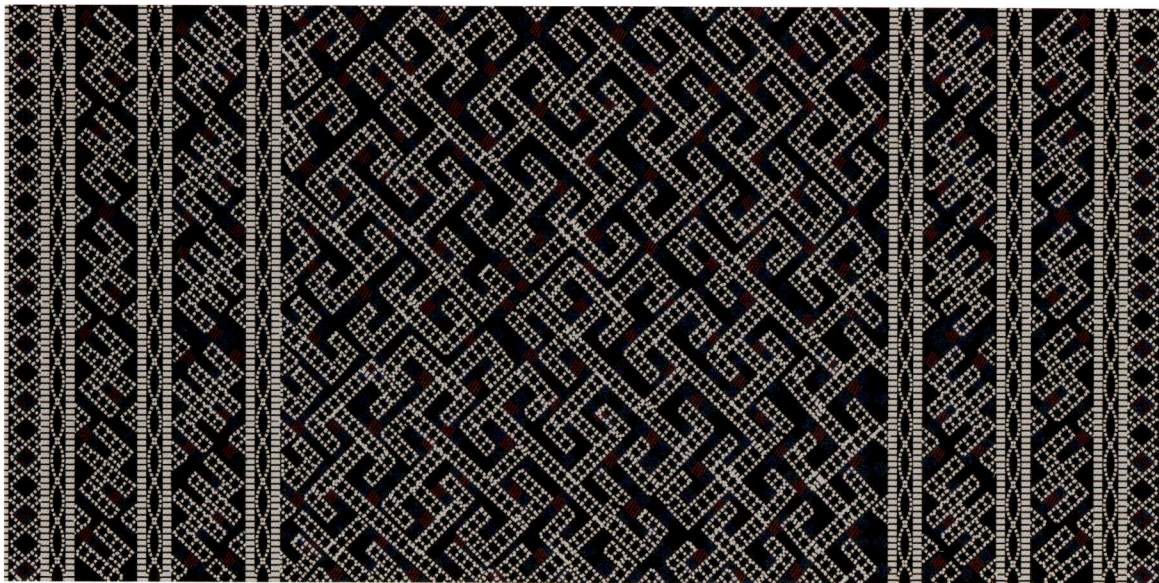

苗族：锡绣围腰

私人收藏

　　这是贵州剑河地区苗族人的围腰，为一前一后两幅，此件有紫色平挑暗花图案的为后片。锡绣是剑河地区特有的刺绣工艺，先用黑色线在白色棉布上反面挑织图案，然后染蓝再用细锡丝条装饰在挑好的图案上。勾连雷纹，是由多个形似"T"形的线条相连，再填充雷纹构成，锡锈装饰铺满整个紫色暗花地，色彩沉稳大气。

124 三角形纹

壮族：拼布背儿带

台湾史前文化博物馆藏

　　这是广西金秀的拼布背儿带，中心纹样
以花鸟纹的形式显现。外围利用三角形形成大
面积图案，玫红、黄、黑三色搭配，形成独特
的立体视觉效果，图案简洁。

125 几何纹

维吾尔族：经扎染围巾

私人收藏

　　这是新疆地区的艾德莱斯绸围巾，采用的是先将经线染色再后织造的技术，因其工艺特殊，织造出来的图案有很多随意性，这也成为其独特标志。该作品图案层次分明，色彩艳丽，具有浓郁的民族特色。

126 几何纹

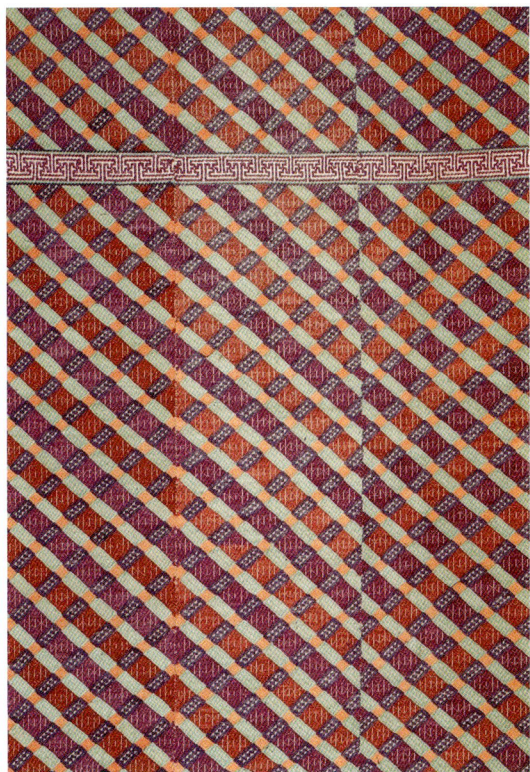

壮族：织锦被面

北京服装学院民族服饰博物馆藏

　　这是壮族织锦，由三块窄幅织锦拼接而成。红、紫、浅绿、橘黄等色彩交替使用，整体色调协调而又丰富。主体纹样为菱形几何纹，由长方形搭配三角形色块构成菱形骨架，骨架内填充八个小三角形和两个菱形构成图案，图案虚实结合，层次感强。

http://www.biftmuseum.com/

127 几何纹

苗族：织锦背儿带

台湾史前文化博物馆藏

　　此纹样取自苗族背儿带的织锦部分，用深红、橘、绿、米四种颜色的纬线织出抽象纹样，色彩柔和。几何纹接近字母"Z"，画面中穿插有蓝、白两色的菱形格，图案呈四方连续排列。

128 几何纹

苗族：挑花背儿带

台湾史前文化博物馆藏

此纹样取自贵州贵阳花溪背儿带局部，用十字挑花技法进行刺绣装饰，针法缜密。图案基本呈左右对称，中间长方形框内是两个以八角花为中心的四瓣花图案，外框周围均匀排列了拆分的八角星纹样。白、黑、粉、绿等色的搭配，使得画面柔和。

129 抽象几何纹

壮族：小儿包被

台湾史前文化博物馆藏

此纹样取自广西壮族的小儿包被，用来包裹新生儿以御寒，呈正方形，四边用黑色棉布包边，中间部分是织锦。在米色地上，用橘红、黑、蓝等色几何直线组成图案，左右对称。几何线条组合成纹样围绕着菱形骨架，有卍字纹、八角花纹等。

130 几何菱形纹

侗族：织锦背儿带

台湾史前文化博物馆藏

　　此纹样取自湖南通道的织锦背儿带的局部，织锦部分色彩搭配以青、粉为主，活泼生动。纹样以菱形为骨架，每个骨架中又以四个小菱形为图案，填充八角星纹，排列整齐，格律感强。

131 几何菱形纹

彝族：刺绣背儿带

台湾史前文化博物馆藏

　　这是云南富宁的背儿带，在深色底布上用彩色丝线刺绣呈现纹样。纹样以菱形为骨架，呈纵向和横向有规律的连续排列，骨架内填充各式几何纹及卷草纹，直线和曲线的结合使得图案更为丰富。

132 几何纹

瑶族：盛装围裙

云南民族博物馆藏

　　此纹样取自云南河口红头瑶女盛装围裙的局部，挑花纹样主要为几何纹，长短不一的直线线段在菱形骨架内规律排列构成纹样，图案呈四方连续排列。紫红、橙、红、绿、白多种色彩交替出现，色彩搭配和谐。

133 几何纹

苗族：刺绣绣片

私人收藏

这是贵州黄平苗族的刺绣绣片，采用的是典型的十字挑花绣法，中心辅以平绣，整体色调呈蓝紫色。苗族人称这样的织物为"锁花"，意即用线将布锁起来、结实耐用的意思。图案布局规整，富有格律。

134 几何纹

侗族：背儿带

台湾史前文化博物馆藏

　　此纹样取自贵州黎平侗族背儿带的局部。中间部分由简单的几何纹样构成了菱形骨架，两边则是以两个单独几何纹样为一组，进行纵向的二方连续排列，图案丰富，主次分明。米色地搭配红、黄、绿三色绣出了几何形图案，设色和谐大方。

135 抽象几何纹

苗族：刺绣背儿带

台湾史前文化博物馆藏

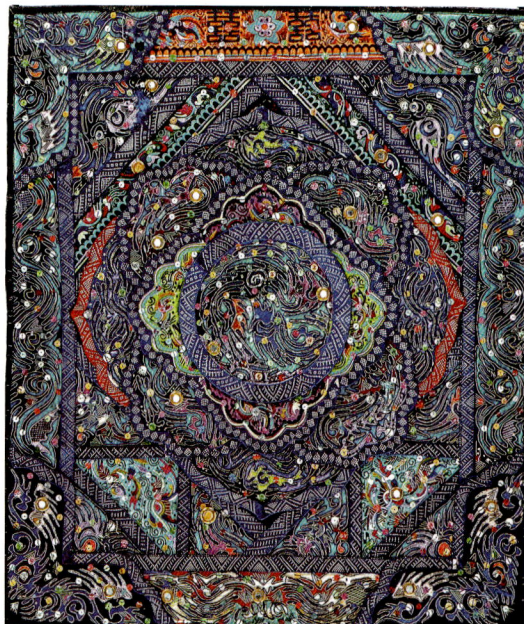

　　此纹样取自贵州黎平地坪乡刺绣背儿带的局部，中心纹样配色大胆，光怪陆离，运用抽象手法，进行平面化的设计，将抽象几何图案分布在圆形内，形态各异，外圈为蓝色线的编织绣，白色应为镂空图形，与中间图案形成疏密繁简对比，搭配巧妙。

136 十字纹

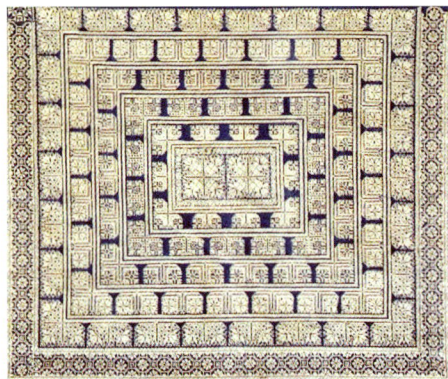

苗族：刺绣背儿带

台湾史前文化博物馆藏

　　这件是贵州白云苗族背儿带的局部，使用十字挑花的刺绣技法，蓝白搭配极为素雅。十字纹和正方形交错重叠形成各式图案，均匀分布在两两嵌套的长方形框架内，呈二方连续排列，中心图案突出，主次分明。

137 盘王组合纹

瑶族：女子挎包

广西民族博物馆藏

　　这是广东乳源瑶族自治县过山瑶女子挎包的局部，采用挑花工艺绣出图案。中心方形框中的纹样为主体图案，有女人纹（可能是瑶族史前氏族首领或宗族长的形象）、鱼骨纹、雪花纹、莲花纹、盘王纹（盘王纹也称作盘王印，形式来源于方形印章，是为了缅怀始祖盘王所创造的象征形纹样）等多种纹样，四周连续排列的鹿纹作为边饰，上排鹿纹两两相对为一组。图案布局主次分明，色彩鲜艳夺目。

138 组合纹

瑶族：挑花腰带

广西民族博物馆藏

这是广东连南瑶族自治县排瑶挑花腰带，依次由鸡冠纹、树纹、龙尾纹、河流纹、波浪纹、菱形纹，姑娘纹等多种纹样组合而成，单位纹样以横向条纹状呈现。主要颜色选用橙红色，辅以红、米等相近色，和谐统一。

139 盘王卐字纹

瑶族：男童裤腿局部

广西民族博物馆藏

　　此纹样取自云南勐腊县顶板瑶男童裤腿部分，采用挑花工艺。纹样多种，依次为盘王纹、鸡冠纹、人纹、卐字纹，以蓝色调为主，搭配红、绿两色，鲜艳独特。

140 唐王纹

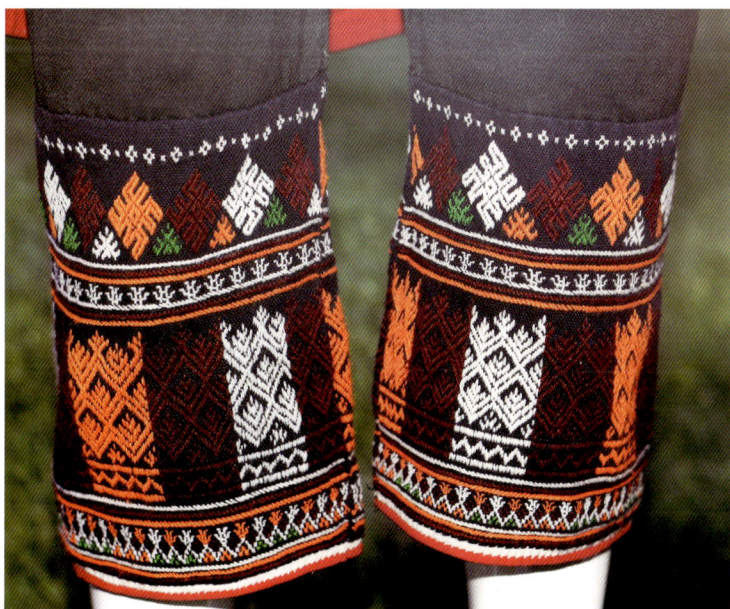

瑶族：女童裤局部

广西金秀瑶族博物馆藏

　　此纹样取自云南河口瑶族自治县红头瑶女童裤局部，裤腿上的挑花纹样主要为唐王纹和几何纹，穿插松果纹和禾苗纹。纹样以色彩为区域横向排列分布，锦面整齐均衡。

141 唐王纹

瑶族：男子盛装袖子局部

广西民族博物馆藏

　　此纹样取自广西昭平县盘瑶男子婚礼盛装袖子局部。靠近袖口部分有大面积挑花，多色搭配色彩丰富。图案以盘王纹为主。（唐王为象征形纹样，用来表示瑶族神话故事中的男性祖先——唐王。）

人形纹样

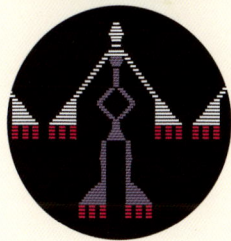

142 人物纹

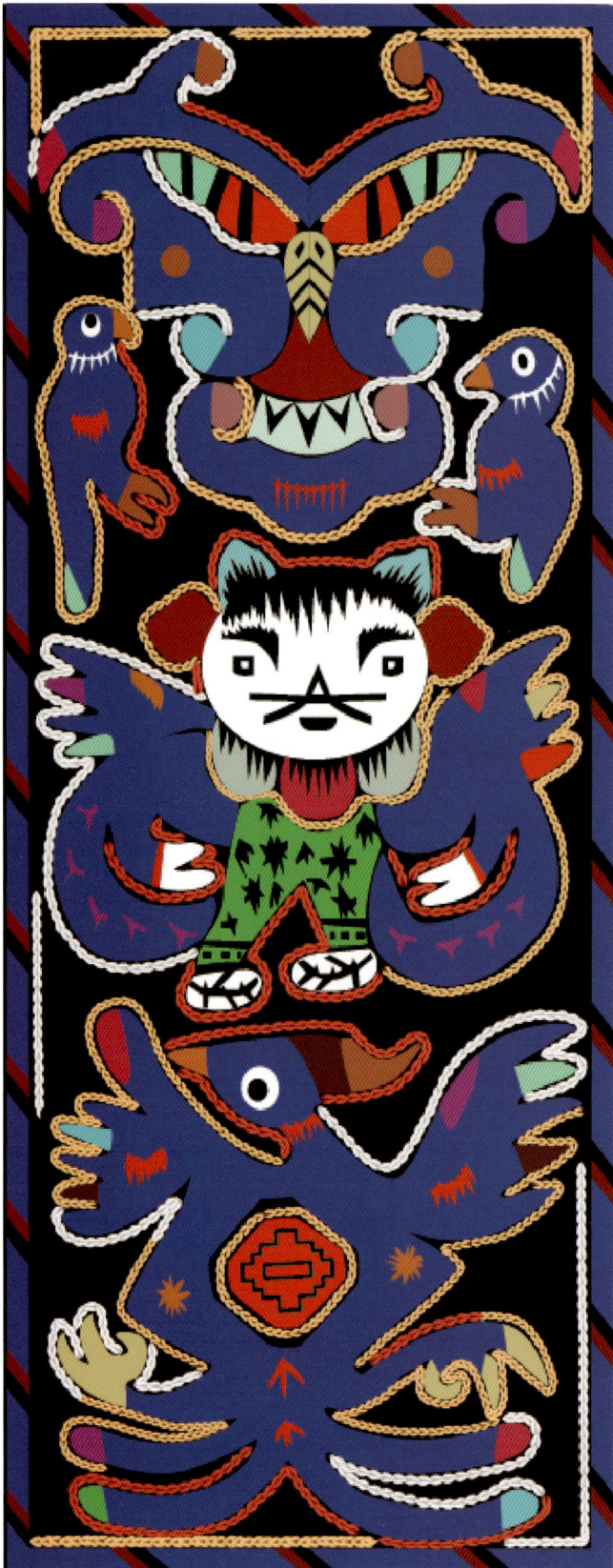

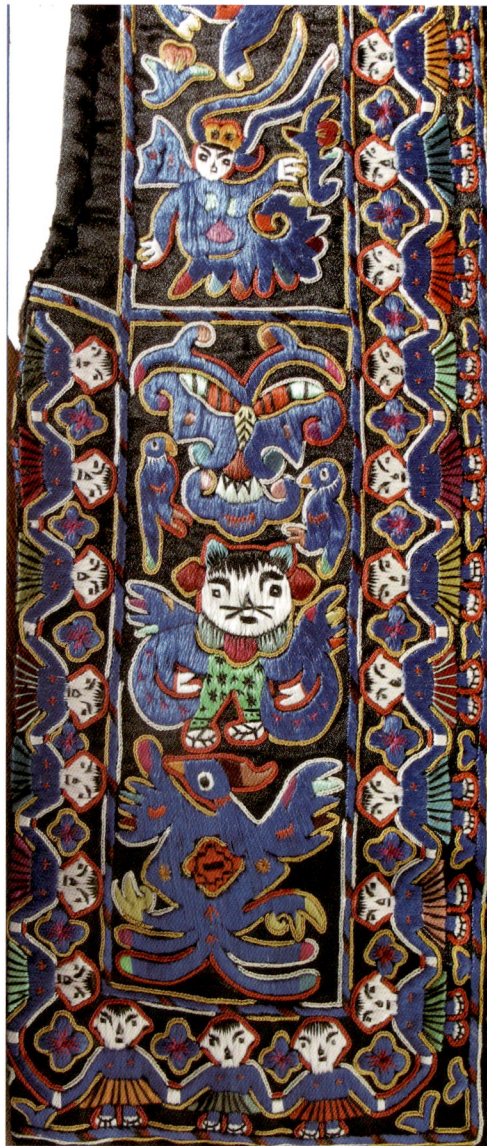

苗族：女子上衣衣襟

私人收藏

　　这是近代苗族女子上衣衣襟的刺绣部分，纹样安排在长方形构图中。正中形象为人头动物身造型，其上为对鸟及蝴蝶，其下为鸟纹，展翅欲飞。绣线均为丝，蓝色为刺绣主体，用黄、红、白等色丝线勾边突出主题。主要针法为平绣，丝线为劈丝，绣工精致，绣像平滑均匀极富光泽。

143 女性人纹

侗族：帽子

私人收藏

此人形纹样取自贵州黎平地区帽子的局部，在米色地上用黑、黄、粉等色线织出纹样，三色搭配简洁大气。单个纹样为穿裙的女性人纹，纹样呈横向二方连续排列，形成边饰装饰在底部，菱形和直线形象生动地描绘出了人站立的形象。

144 人纹

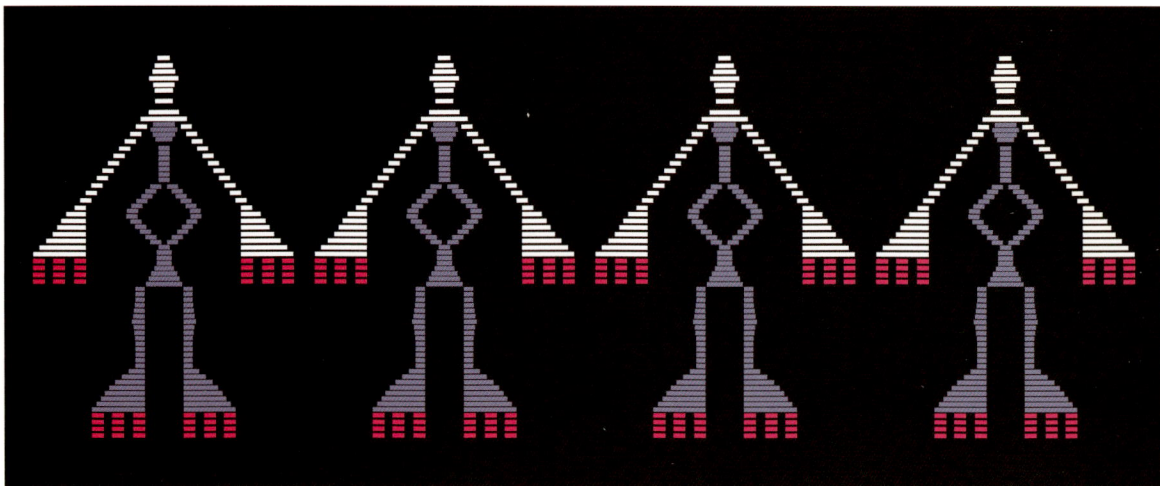

苗族：刺绣绣片

私人收藏

此纹样取自贵州镇宁刺绣图案的局部，使用平挑的刺绣针法，在黑色地上，用绿、紫和玫红三色绣出人物的形象。头为简洁的六边形，四肢纤细用直线表示，两只胳膊呈三角形，身体为紫色，双手双脚为玫红色。人物形象概括简单，但又形象生动。

145 人骑马纹

侗族：挑花头巾

私人收藏

　　此纹样取自贵州镇宁头巾的局部，在米白色棉布地上，用挑花方式绣出人纹和马纹，大面积使用黑色，黑白对比明显，图案突出。人物的头部和上半身用菱形表示，其余部位均用直线。图案描述的是人拉马的场景，是对现实生活的真实写照。

文物图片来源（数字为本书纹样编号）

北京服装学院民族服饰博物馆　1，2，3，8，9，10，11，15，16，21，23，55，84，101，106，108，115，121，126

广西金秀瑶族博物馆　50，140

广西民族博物馆　7，18，36，39，40，42，51，52，53，62，63，71，72，93，94，109，113，114，116，137，138，139，141

湖南龙山县织锦厂　64，105，122

湖南省工艺美术研究所　38，98，104，122

湖南省群众艺术馆　20，61，66，102，103，117，120

黔南布依族苗族自治州民族博物馆　35

私人收藏　6，12，13，28，31，37，41，47，48，56，57，58，59，67，69，74，75，76，77，79，90，97，100，118，123，125，133，142，143，144，145

收藏地不详　29，33，34，46

台湾史前文化博物馆　5，14，22，24，25，26，27，32，45，49，54，65，68，73，78，81，82，83，85，86，91，92，96，107，110，111，124，127，128，129，130，131，134，135，136，

新疆维吾尔自治区博物馆　43，44，70，87，88，89，95

湘西土家族苗族自治州民族工艺美术研究所　4，60，99

云南民族博物馆　19，80，112，132

中国丝绸博物馆　17，30，119

后　记

2013年暑期我参与了国家科技支撑计划课题"中国丝绸文物分析与设计素材再造关键技术研究与应用"项目，回想起为期45天的西南地区田野考察，满满都是回忆。那个夏天，我和三位研究生同学背着书包顶着大太阳穿梭在湖南、广西、贵州、云南等地的博物馆和村村寨寨，走访当地的手艺人，考察当地的传统纺织工艺，就此与少数民族结缘。当时采集了织锦和刺绣图案千余幅，其中一部分便是本书素材的来源。之后因为课题多次深入到湘西地区进行考察，对土家织锦有了较为全面的了解，开始试着走进少数民族纺织品这扇大门，硕士论文《湘西土家织锦染织技艺研究》算是第一次和少数民族织锦的亲密接触。两年过后，因导师赵丰的信任参与到本书的编撰工作中，再一次有机会深入了解少数民族纺织品。

在整理这本书的过程中，发现最难的是纹样的定名和分类。同一纹样在不同民族中有不同含义，同一名称在各个民族中纹样并不相同，甚至同一纹样在不同书籍和文章中的名称都各不相同，这无疑给纹样的定名增加了不小难度，最后我选取了大多数学者认同的命名方式给出了最终定名。此外，书中多幅图案并不是单一纹样，而是由多种单独纹样组合而成，既有花卉又有动物，既有文字纹样又有几何纹样，在分类的时候也出现了较多困难。另外，本书还存在一些问题，瑶族部分素材大多采集自博物馆，图片质量并不理想，有一小部分图案无法明确具体名称，还需要后续继续深入研究。

本书的纹样复原工作主要由北京服装学院和上海东华大学两个团队完成，感谢参与绘制的北京服装学院的徐敏、杨镇源、葛梦嘉、张庆、谢涛、李菁菁等，东华大学的张翼、陈爽爽、段光利等同学，感谢你们在电脑前专注画图的那些时光，有了你们的多次反复修改，这么精美的图片才得以呈现；感谢师姐蒋玉秋从纹样选择，到图案绘制，再到文字描述给出的大量的意见，并多次帮忙修改和校对文稿，可以说没有她这本书很难成型；感谢袁宣萍老师的校稿，对纹样定名、分类都给出了中肯的建议，甚至对文稿中的标点符号进行了修改，这种做学问严谨的态度值得我们钦佩和学习；感谢田明老师对土家族纹样定名的把关，给出了权威的意见，消除了我对部分纹样定名的疑惑；感谢雷洪斌老师利用自己多年田野考察的丰富经验，对书中苗族部分纹样定名给出的建议和指正；感谢容婷多次前往图书馆帮忙查找瑶族纹样的相关资料；感谢金媛善老师、孙雪飞老师，贵州雷洪斌提供自己的私人收藏，这些美好的纺织品使得本书的素材更加饱满和丰富多彩。此外，还要感谢浙江大学出版社对本书的支持，包灵灵编辑的多次细心核对和编排。因本书涉及民族较多，文字写作存在一定难度，再次感谢每一位对本书倾注过心血的朋友们。

春意盎然的三月，枝开满芽。

安薇竹

2018年3月于新德里

图书在版编目（CIP）数据

中国古代丝绸设计素材图系. 少数民族卷/ 安薇竹
编著. — 杭州：浙江大学出版社，2018.6（2023.6重印）
　　ISBN 978-7-308-18263-8

　　Ⅰ. ①中… Ⅱ. ①安… Ⅲ. ①古丝绸—丝织工艺—中
国—图集 Ⅳ. ①K876.9-64②TS145.3-64

中国版本图书馆CIP数据核字（2018）第103212号

中国古代丝绸设计素材图系·少数民族卷

安薇竹　编著

策　　划	包灵灵　张　琛
责任编辑	包灵灵
责任校对	董　唯
封面设计	赵　帆　续设计
出版发行	浙江大学出版社
	（杭州市天目山路148号　　邮政编码310007）
	（网址：http://www.zjupress.com）
排　　版	杭州林智广告有限公司
印　　刷	浙江海虹彩色印务有限公司
开　　本	889mm×1194mm　1/16
印　　张	11.5
字　　数	180千
版 印 次	2018年6月第1版　2023年6月第3次印刷
书　　号	ISBN 978-7-308-18263-8
定　　价	188.00元

—